Nitza Katz-Bernstein

Aufbau der Sprach- und Kommunikationsfähigkeit bei redeflussgestörten Kindern

Ein sprachtherapeutisches Übungskonzept

Nitza Katz-Bernstein

Aufbau der Sprach- und Kommunikationsfähigkeit bei redeflussgestörten Kindern

Ein sprachtherapeutisches Übungskonzept

EDITION SZH
EDITION SPC

Für meine Kinder,
bei deren täglichen Abenteuern
der wachsenden Sprache
ich ein Mitspieler sein durfte.

Die Deutsche Bibliothek - CIP-Einheitsaufnahme

Katz-Bernstein, Nitza:
Aufbau der Sprach- und Kommunikationsfähigkeit bei redeflussgestörten Kindern : ein sprachtherapeutisches Übungskonzept / Nitza Katz-Bernstein. - 7. Aufl. - Luzern : Ed. SZH/SPC, 1997
ISBN 3-908264-45-6

1986 Erste Auflage
1987 Zweite, unveränderte Auflage
1989 Dritte, unveränderte Auflage
1990 Vierte, unveränderte Auflage
1992 Fünfte, überarbeitete Auflage
1995 Sechste, unveränderte Auflage

der Schweizerischen Zentralstelle für Heilpädagogik (SZH) Luzern
du Secrétariat suisse de pédagogie curative et spécialisée (SPC) Lucerne
del Segretariato svizzero di pedagogia curativa e speciale (SPC) Lucerna
dal Secretariat svizzer da pedagogia curativa e speziala (SPC) Lucerna

Druckerei Schüler AG, Biel
Printed in Switzerland

ISBN 3-908264-45-6

Inhaltsverzeichnis

Vorwort zur 7. Auflage

Es liegt in der Natur der Dinge, dass Ansichten und Einsichten sich weiterentwickeln und verändern. Die Forschung der letzten Jahre, besonders der Entwicklungspsychologie, der Kognitions- und der Emotionsforschung, bringt neue Erkenntnisse mit sich, und es gilt, sie in der Praxis zu verwerten: bestehende Konzepte zu überdenken und die neugewonnenen Einsichten einfliessen zu lassen.

Der Entschluss, das Buch in der gleichen, seit der 6. Auflage unveränderten Form herauszugeben, war nicht von der Überlegung geleitet, dass eine Überarbeitung nicht erwünscht wäre. Die Tatsache, dass ich mich dagegen entschlossen habe, ist ökonomisch begründet: Die Kraft und die Energie, die eine Überarbeitung gebraucht hätte, hätte ich von der direkten Arbeit in der Ausbildung von sonderpädagogischen Studierenden, von dem von mir mitgeleiteten Ambulatorium, von der Einbindung in Universitätsgremien, von Forschungs- und Lehrprojekten, sowie von der aktiven Mitwirkung bei entstehenden neuen Kooperationen innerhalb des Fachbereichs Sonderpädagogik an der Universität Dortmund abziehen müssen. Dies wäre, von mir ausgesehen, zum jetzigen Zeitpunkt nicht verantwortbar.

Beim Durchblättern konnte ich Stellen ausmachen, wo Ergänzungen und theoretische Vertiefung nötig wären. Eine neue Systematik hätte das Buch aktualisiert und verbessert, es gibt Details, die ich anders angehen würde. Schaue ich mir jedoch das Ziel des Buches und den Hauptteil an, so kann ich, auch angesichts ganz neuer Erkenntnisse und Forschungen, immer noch zu ihm stehen, und bin ein wenig stolz darauf, dass die grundsätzliche Haltung offenbar schon damals – 1982, als das kombinierte Konzept zur Behandlung von Redeflussstörungen zum ersten Mal erschien – einer aktuellen Entwicklung entsprach.

Nicht nur im Bereich Redeflussstörungen, sondern auch in der Behandlung von Sprachentwicklungsverzögerungen, Lernstörungen u.a. setzten sich interaktive, dialogische Konzepte durch.

Welches sind die pädagogisch-didaktische Prinzipien, die dieses Konzept mit letzteren teilt? Zwei Hauptprinzipien sollen hier erwähnt werden.

Zunächst geht es um den *entwicklungsproximalen, ressourcenorientierten Ansatz* (*Grohnfeldt, Dannenbauer* u.a.), der Entwicklungsnormen und bestehende Defizite zwar vor Augen hat, jedoch nicht lediglich reparativ-korrektiv, sondern vorwiegend auf vorhandene Ressourcen und Kompetenzen aufbauend vorgeht. Dieses Prinzip verbindet sich mit *interaktionalen Prinzipien* des Spracherwerbs, die besonders von *Bruner* postuliert werden. Sie beruhen auf der Annahme des Erwerbs primärdialogischer Strukturen als dem unbedingten Vorläufer der Sprache; Mimik, Gestik, Prosodie, Motorik und Sensorik bündeln und verknüpfen sich in immer wiederkehrenden *Formaten* zu sprachlichen Morphologien. Durch die Veröffentlichung von *Papousek* "Vom ersten Schrei zum ersten Wort" (1994) fand diese Haltung eine weitere wissenschaftlich fundierte Bestätigung. Eine praxeologische und theoretische Fundierung im gleichen Sinne fand ich in der Arbeit von *Zollinger* (1989, 1995), die eine entsprechende Diagnostik und die methodische Erschliessung der *Triangulierung* (*Bruner, Stern*) als Therapie- und Förderprinzip im Frühbereich vorstellt.

Die praktische Umsetzung dieser pädagogisch-therapeutischen Prinzipien ist jedoch schwieriger als ihre Plausibilität in der Theorie. Es handelt sich weniger um die Anwendung von erlernbaren methodisch-didaktischen Kniffen, sondern um eine Aneignung einer kommunikativ-interaktiven Haltung, und diese entspringt nicht zuletzt einem entsprechenden Menschenbild. In der Ausbildung und Vermittlung hat das Konzept nach wie vor den Anspruch, von den angehenden pädagogisch-therapeutisch Tätigen Persönlichkeitsarbeit und Selbstreflexion der eigenen Kommunikationsverhalten zu verlangen. Dies ist aufwendig, fordert viel Engagement und entsprechende Ausbildung, sowie die angemessene Eignung der Lehrenden und Vermittelnden. Ich bin jedoch nach wie vor überzeugt, dass dies als Qualitätsanspruch angestrebt werden kann und soll. Diese Investition, die Veranstaltungsmodelle der Praxisbegleitung und Supervision verlangt, empfinden wir (hauptamtlich Lehrende des Fachgebiets Sonderpädagogik und Rehabilitation der Sprachbehinderten an der Universität Dortmund, um unsere 3 1/2 jährige Erfahrung zu subsummieren), als fruchtbar. Uns scheint, das für diejenigen Studierenden, die entsprechende Veranstaltungen aufgesucht haben und dabei geblieben sind, die Qualität der Ausbildung in diese Richtung um einiges gesteigert werden konnte. Dies wurde nicht zuletzt durch die starke Einbindung des Ambulatoriums in Lehre und Forschung, sowie durch das engagierte Team der Lehrenden möglich.

Als zweites Prinzip möchte ich die *ideographische Betrachtungsweise* (*Motsch* 1979) anführen, die sich als richtungsweisend erwies und die von *Hans-Joachim Motsch* und mir in unserem gemeinsamen Weiterbildungsprojekt für logopädisch-Tätige in der CH (*Motsch/Katz-Bernstein* 1990) vertieft und verankert werden konnte. Dies ist deswegen wegweisend geworden, weil die Sonderpädagogik sich immer mehr zu einem Dienstleistungsangebot entwickelt, das den individuellen Bedürfnissen, Ansprüchen und Notwendigkeiten, in einem wachsenden Verständnis für die Selbstbestimmung der Ratsuchenden, gerecht zu werden sucht. Die Sprachbehindertenpädagogik und die Logopädie sind da sicherlich keine Ausnahme. Für dieses Konzept bedeutet es nach wie vor, dass es sowohl dem Kind wie auch seinen Angehörigen und Miterziehern viel Raum für Mitbestimmung durch Transparenz der Zuständigkeiten, Möglichkeiten, Grenzen und Ziele zugesteht. Auch wenn dies viel Aufwand an Teamarbeit und abweichenden Haltungen und Meinungen fordert.

Mai 1997 Nitza Katz-Bernstein

1. Theoretischer Hintergrund

Die hier vorgestellte Therapiemethode entstammt zwei unterschiedlichen Berufsbereichen und wurde von verschiedenen und verschiedenartigen Lehr- und Ausbildungsgängen geprägt. In meiner heutigen Praxis sind die logopädischen und die psychotherapeutischen Aspekte vereint.

In diesem Buch trenne ich jedoch die beiden Berufsaspekte und gehe auf den psychotherapeutischen Teil nur soweit ein, dass ihn der Logopäde in seine Berufszuständigkeit voll integrieren kann. Dies hat einen besonderen Grund: Durch die Ausbildungsarbeit in den letzten Jahren wurde mir bewusst, dass es an sprachtherapeutischen Konzepten für redeflussgestörte Kinder mangelt, die psychotherapeutischen Erkenntnissen gerecht werden und trotzdem dem Berufsbereich Sprachbehindertenpädagogik/Logopädie voll angehören.

Das Ziel, das ich verfolge, ist, sowohl theoretisch wie auch praktisch eine Methode vorzustellen, die von Sprachtherapeuten/Logopäden voll übernommen werden kann. Der einzige Vorbehalt für diese Art Arbeit besteht darin, dass es ratsam ist, sich einer Supervision oder Fallbesprechungsgruppe anzuschliessen, denn zu einer umfassenden anspruchsvollen Arbeit mit Kindern gehört unausweichlich auch eine vertiefte Selbstreflexion (*Katz-Bernstein* 1986a). Das heisst nicht, dass der Sprachtherapeut seine Berufszuständigkeit überschreitet und Psychotherapie betreibt. Ich bleibe im Zuständigkeitsbereich der Sprachtherapie, beziehe jedoch die kommunikative Ebene der Sprache in das Selbstverständnis des Faches mit ein. Dies ist in der praktischen Arbeit der Sprachbehindertenpädagogik zwar noch relativ neu, aber nicht unbekannt (s. *Grohnfeldt* 1979 und *Motsch* 1983).

Da die Selbstdefinition des Faches der Sprachbehindertenpädagogik erst im Werden ist (*Grohnfeldt* 1982, *Kemper* 1982, *Schliep* 1981), ist die Grenzsetzung zwischen logopädischem und psychotherapeutischem Handeln nicht unproblematisch. Ich hoffe, mich für den Moment genügend mit der Frage befasst und eine Linie gefunden zu haben (*Katz-Bernstein* 1986a), die ein therapeutisches Handeln, wie hier vorgestellt, durch Sprachtherapeuten/Logopäden rechtfertigt: Die Methode schöpft voll aus dem eigenen Ansatz der Sprache, einschliesslich ihrer herkömmlichen Dimension. Vor Unsicherheiten bin auch ich, bei dem heutigen Stand der Dinge, nicht gefeit.

Zur Orientierung jedoch werde ich eine Aufzählung der psychotherapeutischen Quellen einfügen, die in meine kombinierte Therapie hineinfliessen und auch die Sprachübungen prägen.

Psychotherapeutische Quellen und Ansätze der kombinierten Spieltherapie und logopädischen Übungstherapie:

– *Analytische Richtung*
  Die drei Phasen der psychischen Entwicklung bei *Freud* bildeten den grundsätzlichen Anhaltspunkt für das Verständnis kindlicher Entwicklungsphasen und ihrer Auswirkungen in der Therapie. Die Auseinandersetzung mit Anna *Freuds* sowie Melanie *Kleins* analytischer Arbeit mit Kindern hat mich Sorgfalt, genaue Beobachtung, therapeutische Distanz und vor allem Verantwortung in der Übertragung und Gegenübertragung gelehrt. Auch die besondere Problematik der Arbeit mit Eltern wurde mir u.a. durch die Lektüre der Schriften von Anna *Freud* bewusster.

  Von dieser Basis ausgehend, habe ich in diesem Buch die anschaulichere und "modernere" Identitätsentwicklungstheorie von *Erikson* (1968) übernommen, die Sozialisations- und Interaktionsprozesse miteinbezieht, um den Entwicklungsvorgang des Kindes darzustellen, denn das Verständnis für die verschiedenen Entwicklungsphasen soll die Voraussetzung für die Übungstherapie bilden.

– *Individualpsychologische Aspekte*
  Adlers Individualpsycholgie (die ich in der Ausbildung bei T. + T. Schönaker kennenlernte) erleichtert es besonders, den Zusammenhang zwischen pädagogischer und psychologischer Arbeit mit Kindern zu finden. Die Finalität des Handelns, die Theorie der Organminderwertigkeit und deren Kompensation eröffnen zum Verständnis des Stotterns eine weitere Dimension. Die therapeutischen Konsequenzen, die sich aus der Begegnung mit der Individualpsychologie ergaben, waren:
  – Eine isolierte Symptombehandlung des Stottern hat wenig Sinn
  – "Das Gemeinschaftsgefühl" ist eine Dimension, die bei stotternden Kindern einer besonderen Beachtung bedarf; daher werden die Kinder nach der Phase der Einzeltherapie jeweils in der Gruppentherapie zusammengefasst
  – Die Wichtigkeit, die Familie einzubeziehen, wird bestätigt

- *Gestalttherapeutisch-Integrative Aspekte*
  Die gestalttherapeutisch-Integrative Ausbildung war für mich die Richtung, die mir für die therapeutische Arbeit mit Kindern sowohl logopädisch wie auch psychotherapeutisch den grundlegenden Boden gab. Die Kombination beider Richtungen wurde vor allem durch diese phänomenologische Richtung möglich, da sie sowohl in ihrem Menschenbild und in ihrer Theorie, wie auch von den praktischen Therapietechniken her, die Verbindung zwischen körperlichen und psychischen Vorgängen schafft. Sie vermag auch durch die Integration von neuen entwicklungspsychologischen Perspektiven das Wesen des kindlichen Erlebens zu erklären. Die gestalttherapeutisch-Integrativen Prinzipien, welche die Übungstherapie beeinflussen, werden darum ausführlich vorgestellt (s. 1.2.1.).

- *V. Axline* war eine Pionierin, die die *Rogers*'sche Richtung auf die spieltherapeutische Situation übertragen und die *"nicht-direktive-Spieltherapie"* geschaffen hat (*Axline* 1974). Die Beziehung zum Kind basiert laut *Axline* auf einer warmen, freundlichen Atmosphäre. Das Kind wird so, wie es ist, angenommen. Das Kind kann seinen Gefühlen freien Lauf lassen; der Therapeut reflektiert sie dem Kind zurück, beachtet dabei die Fähigkeit des Kindes, den Weg aus seinen Schwierigkeiten heraus selber zu finden. *Axlines* humanistische Richtung macht das Kind vom Patienten zum partnerschaftlichen Klienten. Auch wenn sich einige ihrer Methoden und Techniken als undurchführbar erwiesen haben – vor allem weil die pädagogische Dimension in der Beschäftigung mit dem Kind ausser acht gelassen wurde –, so schmälert das für mich nicht ihr Verdienst, das Kind und seine Persönlichkeit ernst zu nehmen und es unter bestimmten Voraussetzungen als vollwertigen Partner zu achten. Ihre acht Grundprinzipien bieten in ihrer klaren Haltung eine Basis zu einer ehrlichen Auseinandersetzung mit der eigenen therapeutischen Haltung und den eigenen Grenzen.

- *Systemische Ansätze*
  Die systemische Sichtweise konnte keinen Praktiker gleichgültig lassen, am wenigsten Kindertherapeuten. Ausbildungsgänge und praktische Erfahrungen in der familientherapeutischen Richtung eröffneten den Blickwinkel für eine neue Dimension.

  Watzlawick, *Satir*, *Richter*, *Stierlin* u.a. hinterliessen die Einsicht, dass ein kindliches Symptom erst im gesamten Familiensystem eingebettet verstanden werden kann, und dass der Therapieerfolg vom Verhalten der gesamten Familie abhängig ist. Dies führte zur unleugbaren Notwendigkeit der Eltern- und Umfeldarbeit (s. 1.3.).

  Im theoretischen Teil des Buches werden *Eriksons* drei Identitäts-Phasen, Gestaltprinzipien und familientherapeutische Erkenntnisse näher vorgestellt, da sie einen direkten Bezug zur praktischen sprachtherapeutischen Arbeit bilden.

1.1. Identitätsentwicklung und Redeflussstörung

1.1.1. Kognitive Aspekte

Piaget (1973) liefert uns ein Entwicklungsmodell, das die Bildung von kognitiven Fähigkeiten, von Handlungskompetenzen und der Emotionalität zu verbinden vermag.

Durch Handeln und Einwirken in der Welt nimmt das Kind mit seinen Sinnesorganen Abläufe wahr, speichert und assimiliert sie als Strukturen und Regelhaftigkeiten, mit deren Hilfe es seine zukünftige Handlungen akkommodiert und differenziert.

Diese Abläufe sind fest verbunden mit koordinierten, gesteuerten motorisch-kinästhetisch-akustisch-visuell (usw.) eingeprägten Mustern. Der eigene Körper mit seinen gespeicherten sinnlichen Erfahrungen, der "memorative Leib" (*Petzold* 1990), mittels seines Eingreifens und Handelns, die Welt entdeckend und verändernd, wird auf diese Weise gebildet; ein Körperschema, ein Selbstbild und eine Identität entstehen. Das Kind lernt, "wer es ist" und "was es kann oder nicht kann", immer "im Verhältnis zu". Die Bezugspersonen und Objekte sind zugleich die Grenzen seines Ich's, sie ermöglichen eben diese Grenzen zu erfahren.

Wichtig ist in diesem Zusammenhang auch der Zeitbegriff; durch die internalisierten Strukturen wächst das Verständnis für Vorher-Nachher, Ursache-Wirkung. Auf diese Weise lernt das Kind allmählich, dass nach bestimmten Abläufen sinnlicher Art wieder andere folgen. Zum Beispiel dass nach einem Tellerklappern in der Küche das Essen kommt. So kann es, wenn es dieses auditive Signal wahrnimmt, zukünftige Bilder hervorholen, die es in der Vergangenheit gespeichert hat und als Zukunftsvision neu konstruieren.

Unser komplexer Zeitbegriff, unser Planen und abstraktes Handeln, die wir mittels Sprache und anderer hochkomplexer Zeichensysteme vermittelbar und austauschbar gemacht haben, beruhen alle auf diesem ursprünglich einfachen Zeitbegriff. An diesem Punkt wird der Stellenwert der Sprache deutlich.

Das Kind lernt, dass man vergangene und zukünftige Abläufe mit "Codes" oder Signalen besetzen oder ersetzen kann, zunächst mittels Gesten, später mittels "akustischen Gesten" (*Mead* 1973), und dadurch innere Regungen, Bilder und Wünsche durch eben diese "Zauberformeln" (*Fraiberg* 1972) mitteilen kann. Die Koordination der feinmotorischen Abläufe, die für die Produktion dieser Signale nötig sind, werden durch unbeschwertes Üben und reversible Differenzierung erworben.

Was geschieht bei einem stotternden Kind? Das Kind bleibt lern- und imitationsfreudig, solange die Unbeschwertheit, das Suchen nach Koordination und Differenzierung ungestört vor sich gehen, also solange die Kommunikation und Handlung an sich im Vordergrund stehen dürfen. So lange haben auch die Unflüssigkeiten einen temporärern Charakter und werden mit grösserer Koordination, Sicherheit und einem besseren Automatismus des Sprechablaufes sich zurückentwickeln.

Anders ist es, wenn Störungen der sinnlichen Wahrnehmung, der Verarbeitung, Speicherung oder Wiedergabe den Prozess erschweren, oder wenn auch sonst die Fertigkeiten des Sprechaktes wichtiger werden als die Handlung oder die Affekte und Intentionen, die hinter dem Sprechakt stehen. Dann nämlich gerät das Kind in den Konflikt, dem Sprechakt grössere Aufmerksamkeit schenken und ihn kontrollieren zu müssen, was die Intentionen und eigentlichen Handlungen verdrängt und den Sprechakt dann als unbefriedigend erleben lässt. So wird die Sprache mit Affekten besetzt, die ihr als Ersatzhandlung nicht zustehen können und sie dadurch überfordern.

Manchmal können wir bei 3-5jährigen Kindern beobachten, mit welcher Verzweiflung sie versuchen, mittels Sprache affektiv geladene Szenen mitzuteilen und mit welchem Zorn und welcher Ohnmacht dieser Akt verbunden ist, wenn die Sprache die Komplexität ihrer Bewegtheit nicht zureichend auszudrücken vermag.

Kommt eine Sprechunflüssigkeit dazu, die dann vom Zuhörer als Störung wahrgenommen wird und der er mit entsprechenden Gesten von Angst, Entrüstung, Mitleid oder Zorn begegnet (es genügen auch unbewusste, minimale mimische Gesten), so wird das Kind seine gesamte Ohnmacht über die mangelhafte Mitteilungsfähigkeit der stotternden Sprechweise zuschreiben. Es wird dann seine gesamte Aufmerksamkeit mobilisieren, um diese beim Sprechen zu kontrollieren, korrigieren oder zu kaschieren. Genau dieser Vorgang führt zur Fixierung und zum Teufelkreis der bleibenden Störung des Kommunikationsflusses. So wird nicht mehr das, *was* es mitteilen möchte, sondern nur noch *wie* es etwas sagt, für es von Bedeutung.

Sabine, 16jährig, erzählt in der Therapie: "Ich weiss die Antwort fast immer, höre jedoch nicht mehr zu, weil ich immer damit beschäftigt bin, wie ich alle "S" und "A" umgehen soll, die in der Antwort vorkommen."

1.1.2. Emotionale Aspekte

Schon in den vorgehenden Abschnitten sollte es deutlich geworden sein, wie eng der kognitive Aspekt mit dem emotionalen verbunden ist.

Es sollen hier entwicklungspsychologische Betrachtungen angestellt werden, um dabei zwei Ziele zu verfolgen:

- um den emotionalen Aspekt in der Entstehung und Auswirkung der Redeflussstörung zu beschreiben
- um diagnostische Kriterien für den Verlauf einer Therapie zu bieten.

Erikson liefert uns ein "Life-Span"-Modell, wo psychosoziale Entwicklungsphasen zu verfolgen sind. Hierbei sind die ersten drei Lebensphasen:

Erstes Stadium (etwa 1. Lebensjahr	**Urvertauen**	Frühform der Autonomie	Frühform der Initiative
Zeites Stadium (etwa 2. und 3. Lebensjahr)	Spätere Form des Urvertrauens	**Autonomie**	Frühform der Initiative
Drittes Stadium (etwa 4. und 5. Lebensjahr)	Spätere Form des Urvertrauens	Spätere Form der Autonomie	**Initiative**

(*Erikson* 1968, 60)

Die drei Phasen von *Erikson* unterscheiden sich von der oralen, analen und phallischen Phase *Freuds* in folgenden Punkten:

a) Sie gehen nicht vom sexuellen Verständnis der psychischen Entwicklung aus.
b) Sie lösen einander nicht ab, sondern sind immer latent vorhanden, stellen sich aber abwechslungsweise in der Entwicklung in den Vordergrund.
c) Sie gehen nicht nur von der inter-psychischen Ebene aus, sondern berücksichtigen die kommunikativen Aspekte, besonders die Kind-Mutter-Beziehung ("Urvertrauen", "Autonomie"), aber auch Kind-Umwelt ("Initiative").

Wichtig ist dabei, dass gegenüber klassischen Entwicklungsmodellen es sich hier weniger um chronologisch einander folgende, eng umschriebene Phasen handelt, sondern mehr um vordergründige Entwicklungsprozesse, die individuell, interaktiv und systemisch beeinflusst sind und daher einen individuellen Verlauf erfahren werden.

Hier wird auf die drei Identitätsentwicklungsphasen eingegangen, um die Entwicklung vom Kleinkind zum reifen Jugendlichen besser nachzuvollziehen.

Diese Einteilung bietet Beobachtungsaspekte, die in den Übungen mit dem stotternden Kind, die ja alle einen kommunikativen Zweck enthalten sollen, berücksichtigt werden können: Es kann festgestellt werden, wo das Kind in seiner Entwicklung steht, wo es noch nicht genügend entwickelt ist und welche Phase noch fehlt.

1.1.2.1. Urvertrauen

Das ist die Phase, in welcher das Kind die Zuverlässigkeit oder die Unzuverlässigkeit seiner ersten Beziehungsperson bzw. -personen erfährt. Dieses erste Beziehungsmodell wird das Kind laut *Erikson* später auf alle seine Beziehungen übertragen. Davon hängt also ab, ob das Kind der Welt mit einem "Urvertrauen" oder mit "Urmisstrauen" begegnet. Es bedarf einer Phase des Urvertrauens, um später das Vertrauen in die eigene Autonomie zu gewinnen. Ein gesundes Mass an grundsätzlichem Vertrauen zu anderen Menschen und eine kritische Distanz, die es erlaubt, bei divergenten Meinungen die eigene wie die andere gelten zu lassen, wird später einen gesunden Erwachsenen auszeichnen und ihn beziehungsfähig machen: hinreichend durchsetzungsfähig einerseits und kompromissfähig andererseits. Ein solcher Mensch konnte in seiner Kindheit ein gutes Mass an Urvertrauen entwickeln und zugleich eine genügende Unterstützung seiner autonomen Kräfte (vgl. *Winnicott* (1983).

Demgegenüber steht das andere Kind, welches den Menschen misstraut und sich ihnen verschliesst, sich völlig anpasst oder als Reaktionsbildung sie "belügt", hintergeht oder ausnützt.

Stotternde Kinder leben oft in einer der Situation oder dem Zuhörer misstrauenden Beziehung: Sie haben das Versagen beim Sprechen noch und noch erlebt und misstrauen dem eigenen Können, richtig zu sprechen, aber auch dem Zuhörer, dass er sie auch stotternd liebt und akzeptiert.

Renate (7 J.) schlägt jedes Mal beim klonisch-gedehnten Stottern die grossen grünen, traurigen Augen nieder, ihre Augenlider flattern, ihr winziges Stimmchen tönt weinerlich, und sie zuckt dabei ganz minim mit den Achseln. Sie scheint resigniert, erwartet vom Sprechakt nichts Gutes. Als ob sie sagte: "Wir wissen ja beide, dass ich es nicht kann – warum stellst du mir Fragen und plagst mich dabei?"

In meinen logopädischen Übungen bildet darum die "Primäre Kommunikation" den ersten Teil der Übungen. Durch Vormachen-Nachmachen, durch Frage-Anwort, Führen- und Geführtwerden soll ein Kind mich kennenlernen, Vertrauen gewinnen, zunächst ohne die Bedingung einer vollbrachten Leistung. Es soll ein unbeschwertes, nicht sprachgebundenes, spielerisches und kindgemässes Kennenlernen stattfinden.

Auch dort, wo die Atmung und Stimme oder Silben eingesetzt werden, soll der Aufbau des Vertrauens dadurch stattfinden, dass das Kind sich beschützt und bestätigt fühlt. Das Spiel von Wind und Wolken (siehe Tabelle Atemübungen) oder "zwei Chinesen" (Element "Vormachen-Nachmachen", Tabelle Silbenspiele) dienen dazu, eine solche Vertrauensbasis zu schaffen und immer wieder zu stärken.

1.1.2.2. Autonomie

Die zweite Phase dient dazu, das eigene "Ich", seine Bedürfnisse, Möglichkeiten und Grenzen kennenzulernen, um eigenständig und handelnd die Welt zu erforschen und sich seinen Platz in dieser Welt zunächst zu ertasten, anzusteuern und schliesslich zu ergattern.

Dies kann nur geschehen, wenn die erste "Liebesbeziehung" stattgefunden hat und man sich nun mit ihr als Gegenüber messen kann, um sich und seine Kräfte zu erfahren. Ist dies geschehen, kann sich das Kind nun erlauben, allmählich autonom zu handeln und durch die Erfahrung von sozialen Grenzen sein Ich herauszubilden. Diese Phase, die oft mit Trotz und Aggression assoziiert ist, verliert für den Therapeuten ihren Schrecken, wenn man bedenkt, dass die Aggression in den meisten Fällen eine Expansion und ein Ausprobieren gesunder Kräfte bedeutet, die aber einer Führung (nicht Unterdrückung, um Angepasstheit zu erreichen) bedürfen. Ein Kind braucht Führung und Schutz vor Fremden, aber auch vor eigenen Aggressionen (*Bettelheim*, 1975). In dieser Phase werden dem Kind der eigene Körper sowie der Raum um es herum bewusst, aber auch ihre Grenzen.

Der eigene Körper ist die Quelle für Erfahrungen in Raum und Zeit und das Experimentierinstrument für die sich herausbildende Identität. Das Körperschema, die Sinne und die eigenen Kräfte werden erfahren und gebildet, dadurch, dass man in den Raum ausgreift und die darin befindlichen Gegenstände manipuliert und mit ihnen Handlungen vollzieht. Die Ergebnisse werden als Gesetzmässigkeiten assimiliert, die weiteren Handlungsschritte modifiziert, akkommodiert (nach *Piaget*). So lernt das Kind, sich und seine Kräfte allmählich abzumessen und zu definieren. Das Kind kennt noch nicht alle Regeln der Beziehungen und Materialien, ist für korrektive Handlungen jedoch sehr empfänglich. Dies macht seine Lernfähigkeit aus.

Neben Werner (6 J.), schwer seh-, hör- und auch geistig behindert, wird in der Behinderten- und Nichtbehinderten-Spielgruppe an der Universität Zürich ein drei Monate altes Baby gelegt, ein Geschwisterchen eines anderen Kindes aus der Spielgruppe. Werner ist begeistert; er hebt das Baby auf, küsst es und drückt es fest an sich. Das Baby beginnt zu weinen – Werner erschrickt – lässt es in die Arme der anwesenden Mutter (die die Szene gewährend begleitet) fallen. Werner beginnt zu weinen. Die Mutter des Säuglings gibt ihm das Baby wieder, eine Spielleiterin führt seine Hände und lässt ihn spüren, wie er mit dem Kind umgehen soll. – Es wird zu einem schönen Erlebnis.

Klein Gabriel (2,5 J.) lässt Kugeln auf der "Kugelbahn" rollen. Eine zu grosse Kugel behindert den Weg in die nächste Reihe. Er versucht einige Male, sie in das Loch hinein zu stossen; dann schiebt er sie in die zweite Reihe, wo sie beim nächsten Loch wiederum steckenbleibt. Er nimmt sie heraus, betrachtet sie, nimmt eine kleinere Kugel zum Vergleich und sortiert die grosse heraus. Nach einiger Zeit versucht er es erneut mit der grossen Kugel und benützt sie nun als Teil des Spiels, um kleinere Kugeln zu stauen, um dann die grosse Kugel wegzunehmen und alle miteinander herunter rollen zu lassen, mit grossem Lärm und zu seinem Vergnügen.

Sprachlich gesehen ist dies die Zeit der magischen Phase und der Symbolbildung; Bilder und Erlebnisse werden verinnerlicht, beim Namen genannt und formen die Begriffe, die ihrerseits die Voraussetzung der Sprache bilden. Das Kind verinnerlicht syntaktische Muster, die es kreativ in seine Sprache integriert und sie – nicht immer grammatikalisch richtig – für seinen Sprachausdruck benutzt. Es ist jedoch für Korrekturen und Differenzierungen zugänglich. Später kommt die Phase, wo das Kind lernt, autonom Gedanken zu formulieren, Phantasien zu äussern, die durch ihre konkrete, naive Logik überraschen oder stutzig machen können.

Das Kind sagt kurz nach Grossvaters Tod zur Grossmutter: "Und wann stirbst du?"

Zwei Kinder spielen beim "Mutter/Vater-Spiel" dauernd, der Vater wäre gestorben.

Ein Kind erzählt: "Gestern war ich im Zoo, und ein Affe ist ausgebrochen. Ich habe ihn dann zurückgebracht und gar keine Angst gehabt."

In der kindlichen Sprache tauchen Kraftwörter auf, die dem Kind Spass machen. Es sagt z.B. zur Mutter: "Du bis eine dumme Kuh" und wartet auf die Reaktion.

Diese Phase des Ausprobierens, Formulierens, der allmählichen Trennung zwischen Realität und Phantasie – also innere und äussere Welt erfahren und unterscheiden lernen – ist die Basis für die spätere Fähigkeit, verbal zu kommunizieren.

Wir wissen heute, auch von der Aphasieforschung her, wie komplex und vielschichtig der neurophysiologische Vorgang des Spracherwerbs ist; der emotionale ist es ebenso. Das Kind braucht viel Ermunterung, um die Klippen und Schwierigkeiten zu überwinden. Das Stottern ist meistens das Resultat einer Resignation im Bereich des autonomen Sprechens. Also kann diese Phase beim stotternden Kind nicht ausführlich genug geübt werden.

Sprachübungen sollen Strukturen und Muster enthalten, die das Kind sinnlich ansprechen und die leicht zu verinnerlichen sind.

Alle Übungen sollen zu Kreativität und Eigeninitiative führen. Der jeweilige Rollenwechsel (ich werde zum Schüler, das Kind zum Meister), das Führen, nachdem man geführt worden ist, das Fragen, nachdem man gefragt worden ist, das abwechselnde Gestalten usw. sollen zur Formulierung, zur Äusserung der eigenen Ideen und Phantasien – aus dem Handeln heraus – führen.

1.1.2.3. Initiative

In dieser Phase hat das Kind bereits die Zuverlässigkeit der Beziehung zum Erwachsenen kennengelernt, es hat auch die Grenzen erfahren und durch die Auseinandersetzung mit den vorhandenen Möglichkeiten und Grenzen ein eigenes Ich zu bilden begonnen. Daraus erwuchs ein Gefühl der Potenz, ein Gefühl der eigenen Körperkräfte im Verhältnis zur Welt. Nun ist die Zeit gekommen, um die grösseren Zusammenhänge unserer Welt kennenzulernen: die Gruppe und Gruppenordnung, Werte und Wertmassstäbe, und immer wieder: Wer bin ich im Verhältnis zur Gruppe und zur Welt? Das Kind lernt zu operieren und Initiative zu ergreifen. Es lernt auch, Entscheidungen zu treffen.

Sprachlich gesehen heisst dies, komplexe Situationen meistern zu können oder "neue Umweltausschnitte zu erobern" (*Bronfenbrenner* 1980). In keiner Phase ist die formelle Sprache und das Ausdrucksvermögen dermassen entscheidend für die Meisterung des Lebens wie jetzt. Dazu gehören die Beherrschung von Ritualen und verbalen Umgangsformen, sowie die Fähigkeit, Gedanken, Positionen, Zweifel, Missmut und Wut, aber auch Zufriedenheit, Freude und Zustimmung äussern zu können.

Es werden nun auch Spielregeln formuliert und eingeführt, Beobachtungen mitgeteilt, der eigene Standpunkt und die eigene Meinung erklärt, auf Sachen beharrt, aber auch nachgegeben und Frieden gestiftet. Verlieren und Gewinnen bildet ein wichtiges Thema. In dieser Phase bildet sich die Fähigkeit zum Positionenwechsel und zur Rollenflexibiltät und dadurch eine grössere Sozialität.

Diese Sprachelemente können zunächst nicht verbal geübt werden. Dazu kann die Silbensprache benutzt werden. Zunächst wird zusammen geplant, werden beim abwechselnden und gemeinsamen Gestalten eigene Impulse und Ideen zum Ausdruck gebracht. Wir sind von Anfang an gleichberechtigt. Schon die Haltung, die diesen Übungen zugrunde liegt, steuert dieser Phase zu: Auch ich, Logopäde, teile mich mit, meine Ideen, Phantasien, Gefühle.

Sobald das Wort als Übungselement eingeführt ist, wird das Kind durch "negativ" und "positiv" und durch "lügen" in die sprachliche Relativität und sprachliche Ausdruckskraft eingeführt. Das Wort wird nicht mechanisch, trainingshaft eingeführt, sondern hat eine Funktion, die es auch im Leben hat: Rahmen zu schaffen, zu vermitteln, mitzuteilen, Beziehungen, Wünsche und Regungen zu regulieren, Positionen festzulegen und zu vermitteln und sich in andere einzufühlen.

Zu dieser Phase gehört auch die Spontansprache, eine Sprache, die sich buchstäblich und konsequent aus einer Spontanhandlung ergibt, und zwar vom Anfang der Therapie an bis zur Entlassung. Kann das Kind noch nicht selbständig handeln, so muss ihm dabei geholfen werden. Denn nur so wird es auch eine Spontansprache entwickeln können.

1.1.3. Sozialisation

Die Verknüpfung von intaktem Sprechvermögen und Sozialisation scheint fast trivial. Es soll hier auf zwei Perspektiven eingegangen werden, die für mein Verständnis für die Auswirkung der Redeflussstörung auf den Sozialisationsprozess des Kindes wesentlich scheinen.

Mead (1973) erklärt den Sozialisations- und Identitätsprozess des Kindes als verinnerlichte Rollen: Das Kind beobachtet und verinnerlicht Szenen, die es erlebt und speichert sie als Rollen, die ihm Muster des Verhaltens bieten. Der Gegenspieler, der mit dem Kind agiert, wird als ein "generalized other" verinnerlicht und wird zum Identitäts-Repertoire. Diese Prozesse bieten dem Kind mit der Zeit Facetten für sein Selbstbild, die ihm ermöglichen zu definieren "wer es ist", also seine Identität zu finden.

Oaklander (1986) sagt, dass das Kind im Umgang und im Vergleich mit anderen lerne, wer es ist.

Eine unflüssige Sprechweise beim Kind prägt die Rollen der Menschen, die mit ihm interagieren, auf eine besondere Weise; sie lenkt auf jeden Fall ihre Aufmerksamkeit verstärkt auf den Sprechprozess, statt sich auf die Intention des Gesagten zu focussieren. Die flüssige, normale Suchbewegung beim Sprechen, um innere Regungen und Bedürfnisse sprachlich zu gestalten und hervorzubringen, ist gestört: Wie ein Maler, der nach einer schlechten Kritik statt weiterhin inneren Bildern zu folgen, die Zufriedenheit und den Gefallen des Betrachters sucht. Der Kontakt von innen nach aussen, der Ursprung jeglichen kommunikativen Aktes ist gestört. Nicht nur die eigene unflüssige Sprache wird als Kommunikationsmuster gespeichert, sondern die Reaktion des Zuhörers und seine, manchmal ungewollten und versteckten Signale von Unbehagen, Spannung, Schreck und Ablehnung werden registriert und als gefürchtetes, unbehaglich erwartetes Muster zu vermeiden gesucht.

Dieses Unbehagen prägt mit Zunahme und Fixierung dieser kommunikativen Rolle das Sozialverhalten des Kindes gegenüber bestimmten Personen oder Personengruppen, und schlussendlich kann es seinen gesamten Sozialisationsprozess beeinflussen. Die Facetten seines Selbstbildes und seiner Identität werden dementsprechend geprägt, und die Störung wird zu einem zentralen Identitätsmerkmal, was die Berichte von erwachsenen Stotternden auch oft bestätigen.

Eine zweite Perspektive der Sozialisation kann von *Bonfenbrenner* abgeleitet werden.

Laut *Bonfenbrenner* (1980) geschehen Lebenskrisen immer in den Übergängen von einem "Umweltausschnitt" zum anderen. Gemeint sind die sozialen Übergänge, die vom Mikrosystem Familie in das Mesosystem Schule und

Nachbarschaft führen (*Bonfenbrenner* 1981). Ein Kind erobert sich immer grössere "Umweltausschnitte", die ausserhalb des Elternhauses liegen. Dieser gelungene Übergang ermöglicht ihm später Sozialisation und Ablösung vom Elternhaus.

Ein stotterndes Kind bringt defekte Sozialisationsmittel und Instrumente mit sich, um diese Übergänge erfolgreich zu leisten. Seine Fähigkeit, sich darzustellen, zu handeln und zu agieren ist gestört, da in unserer Kultur die Sprache ein zentrales Sozialisationsmittel darstellt. Demzufolge kann der gesamte Sozialisationsprozess eines redeflussgestörten Kindes beeinträchtigt sein.

1.2. Die Gestalttherpaie – eine kindgemässe Methode

Die Gestalttherapie wurde durch Fritz *Perls* in den USA entwickelt. Sie versucht, die Entwicklung der Persönlichkeit auf zwei Wege zu erreichen: einmal durch Befreiung von psychopathologischen unerledigten Situationen mittels Wiedererlebens dieser Situationen und deren Verarbeitung im *Hier-und-Jetzt*, und zum anderen dadurch, dass sie als Katalysator und Stütze dem unentwickelten und noch nicht bewusst gewordenen *menschlichen Potential* dient (*Berger* [in Polster], 1975).

Das Prinzip der Therapie besagt, dass unerledigte Situationen ungeschlossenen Gestalten gleichen, die immer wieder danach drängen, sich zu schliessen, weil die Persönlichkeit sie, des unfertigen Zustands wegen, nicht als Baustein einer Wachstumsentwicklung einsetzen kann. Diese "unerledigten Geschäfte" (*Perls* 1969) erinnern den Organismus somit an fehlgeschlagene Assimilationsprozesse bzw. an gescheiterte Konfliktverarbeitungsprozesse im Zusammenhang mit kritischen Lebensereignissen.

Diese, zur humanistischen Psychologie gehörende psychotherapeutische Richtung bietet uns Denkweisen und Techniken an, die, vorausgesetzt man hat sie an sich erfahren, für jegliche Arbeit mit Kindern wie geschaffen sind.

Im folgenden seien drei Prinzipien gestalttherapeutischer Konzeptbildung und Methode skizziert.

1.2.1. Das Gestaltprinzip der "Awareness"

Perls geht von einer biologistisch begründeten "inneren Wahrheit" aus, die dem Menschen innewohnt, und deren Realisierung ihm ein gesundes Wachstum ermöglichen soll. Der Zugang zu dieser "inneren Wahrheit" sei über die

Fähigkeit zur "Awareness" (Bewusstheit) möglich. Damit ist eine Wachheit der Sinne gemeint, die ausgehend vom "Hier und Jetzt", d.h. "von dem, was ist" Orientierung über die eigentliche Bedürfnislage und Handlungsmotivation vermittelt. Anders als in analytischen Verfahren wird diese Bewusstheit nicht nur durch Deutungen und Reflexion erreicht, sondern durch Bewusstmachung von Emotionen, Körpersignalen und Denkmustern in dem Moment ihres Erlebens oder Wiedererlebens.

Eines der "pädagogischen Ziele" der Gestalttherapie von *Perls* besteht darin, die Wahrnehmungsfähigkeit der Menschen zu schulen, Defizite und Störungen auszugleichen. Dieses Ziel scheint für die Arbeit mit Kindern, besonders auch für die sonderpädagogische Arbeit prädestiniert.

Die sonderpädagogische Arbeit – dazu zählen auch die Logopädie und die Sprachbehindertenpädagogik – zielt daraufhin, bei Gefährdungen vorzubeugen, bei Störungen korrektiv und reparativ einzugreifen und bei Behinderungen auszugleichen. Die Schulung der Wahrnehmung und ihre Pflege gleicht der Ausbildung der Instrumente, mit deren Hilfe Kinder lern- und bildungsfähig und sozial integrierbar werden. Denn Wachheit der Sinne und Zugewandtheit zur Welt sind die Voraussetzung für jegliches Lernen.

1.2.2. Das Gestaltprinzip des Hier und Jetzt

"Jetzt umfasst alles, was existiert. Die Vergangenheit ist nicht mehr, die Zukunft ist noch nicht" (*Perls*, 1969, 52).

Das kindliche Erleben existiert zunächst ausschliesslich im Hier und Jetzt. Die Fähigkeit, von der Vergangenheit auf die Zukunft zu schliessen, muss sich erst durch lange Lernprozesse herausbilden.

Zunächst jedoch konzentriert sich die Aufmerksamkeit des Kindes auf das, was es unmittelbar erlebt. Die Fähigkeit des jungen Kindes, sich einer Situation völlig hinzugeben, mit ihr zu verschmelzen, um sich plötzlich als Handelnder und Manipulator in der Situation zu entdecken, ist noch ausgeprägt. Dies unter anderem aus zwei Gründen: Erstens, weil seine Ich-Grenzen noch nicht gefestigt sind und keine scharfe Trennung von "innen" nach "aussen" besteht, da seine Selbstreflexion noch nicht voll entwickelt ist, und zweitens weil es keine nicht zu verantwortenden vollen Konsequenzen seines Tuns zu befürchten hat, vorausgesetzt, sein Schutz vor Gefahren und Überforderung ist ihm von seinen Bezugspersonen gewährleistet.

Dies führt uns vor Augen, wie das Kind durch Sich-in-Rollen-hineinversetzen und Identifikation mit symbolischen Repräsentanzen die Welt erforscht, die Möglichkeiten vorwegnimmt und ausprobiert und die Ich-Du-Welt-Grenzen allmählich bildet.

Dieser Lernprozess trifft sich genau mit dem Gestalt-Prinzip des Hier und Jetzt: Etwas, das erlebt wird, bringt Wachstum, Änderung und Erweiterung der "Ich-Grenzen" mit sich. Die Fähigkeit der Reflexion über Erlebnisse und Situationen, die im Erwachsenenalter zu einem wichtigen Faktor der gesunden reifen Persönlichkeit wird, fehlt dem Kind noch teilweise. Dieses Reflexionsvermögen kann jedoch das Erlebte selbst nicht ersetzen. Durch die Übergangssituation des Symbolspiels werden vergangene reale Handlungen in der Gegenwart symbolisch nachgeahmt. Diese sind jedoch noch an konkrete, sinnlich wahrnehmbare Handlungen gebunden. So kann sich eben diese exzentrische Reflexionsebene allmählich entwickeln. Die pädagogischen Konsequenzen aus diesem erweiterten Verständnis der kindlichen Lernweise sind noch lange nicht ausgeschöpft.

Wie das Prinzip des Hier und Jetzt in der Pädagogik konkretisiert werden kann, sollte das folgende Beispiel veranschaulichen:

Wir können atmosphärisch und erlebnismässig Situationen, Bilder und Rollen rekonstruieren: Anstatt, dass wir über einen Bauernhof und über die Aufgaben des Bauern und des Knechtes sprechen oder ein Buch darüber anschauen, bauen wir (in der Phantasie oder mittels Spielzeug) einen Bauernhof auf, *werden* zum Bauer, *werden* zum Knecht und wechseln auch die Rollen. Danach sprechen wir darüber, was wir erlebt haben.

In der logopädischen Übungstherapie geht es unter anderem darum, uns in die Art und Weise des Kindes, die Welt zu erleben, hineinzuversetzen.

Diese Fähigkeit beherrschen wir Erwachsenen genauso, auch wenn es uns nicht immer bewusst ist: Wir nehmen in unserer Phantasie und in unseren Träumen Situationen vorweg, oder wir korrigieren sogar Erlebnisse nachträglich während der Reflexion über sie. (Beispiel: Wenn wir "Ich hätte sagen sollen" sagen, dann haben wir uns in der Phantasie die gewesene Situation vergegenwärtigt und haben als Vergleich die bessere Variante innerlich ein Stück weit miterlebt).

Dies sollte uns als Therapeuten den Weg zur inneren Welt des Kindes näher bringen, der durch die eigene innere Erlebnisfähigkeit führt.

1.2.3. Das Gestaltprinzip der Integration: Das Verständnis für therapeutische Prozesse

"Integration" ist ein Wort, das heute häufig anzutreffen ist. Es tönt fast banal, abgedroschen.

In der Gestalttherapie stellt es ein wichtiges Prinzip dar: Bilder, Geschehnisse, Traumfetzen und Gestalten tauchen aus dem Inneren des Organismus auf, werden nach aussen projiziert, werden erlebt und durch Körpersprache und -ausdruck ausagiert, bewirken draussen etwas, verändern ihren Zustand und werden wieder als neue Gestalten aufgenommen, internalisiert, integriert. So wächst die Persönlichkeit (*Perls*, 1969, 23).

Alle Impulse, Spiele, jede Art von Ausdruck, Phantasie, Bild, Gestik und Bewegung entspringen einem inneren Bedürfnis, einem Bedürfnis, Erweiterung und Veränderung herbeizuführen, *und zwar durch die Begegnung und Erfahrung von Beziehungen*, sei es zu Menschen, Tieren, Pflanzen oder Gegenständen. Das Vermögen, eigene innere Gestalten mit äusseren verschmelzen zu lassen, die Fähigkeit, diese nach aussen zu projizieren und sie wieder verändert zu integrieren, stellt beim Menschen ein Merkmal eines gesunden psychischen Zustands dar. Beim gesunden Kind gehen diese Prozesse ganz spontan und unreflektiert vor sich und bewirken sein Heranreifen zum Erwachsenen.

Diese Fähigkeit, der *Gegenstand selber zu sein*, in die Rolle von anderen Menschen, von Tieren und Gegenständen zu schlüpfen, als diese zu agieren und zu handeln und dabei den Erfahrungsschatz zu erweitern und ihn als neuen Lernbaustein zu assimilieren, ist der Weg, der zur echten Integration und Reflexion führt und die eigentliche, ursprüngliche Lernfähigkeit des Menschen ausmacht.

Ich wage hier die Behauptung, dass traditionelle, abstrakte und auf Training ausgerichtete Lernformen deswegen veraltet wirken, weil die Voraussetzung für diese Art des Lernens bei vielen Kindern fehlt, sei es wegen der heutigen Wohn- und Umweltverhältnisse oder auch wegen des Medienkonsums, welche die Erlebnis- und Handlungsmöglichkeiten einschränken. Auch bräuchte, so scheint es mir, die Komplexität unserer heutigen Lebensform eine erweiterte, noch reichere Erlebens- und Erfahrungsphase in der Kindheit, um das Leben greifbar und verständlicher zu machen. Denn nur in einer verhältnismässig unbekümmerten, ermunternden und fördernden Umgebung kann das Kind von heute das Grundgefühl aufbauen, es könne die Welt (von morgen) bewältigen und überschauen (*Herzka* 1984), um dadurch zu einem sich selber und der Gesellschaft gegenüber Verantwortung tragenden Erwachsenen zu werden.

An dieser Stelle habe ich deswegen weit ausgeholt, weil mir der Zusammenhang zwischen dem "Integrationsbegriff" und dem ursprünglichen Lernverhalten des Kindes wesentlich erscheint.

Wiederum wurde dieses Verständnis zum Wegweiser meiner Therapieform und zum Prinzip: Impulse, die vom Kind kommen, werden aufgegriffen, werden durch die Begegnung der beiden (das Bedürnis des Kindes, seine Impulse nach aussen zu agieren, und meines, ihm therapeutische Inhalte zu vermitteln), zu einem *therapeutischen Prozess*.

Das Verständnis dieses kommunikativen Prozesses soll der therapeutische Haltung, die hinter den Übungen steht, als Grundlage dienen.

1.2.4. Der Gestalttherapeutisch-Integrative Ansatz

Der Gestalttherapeutisch-Integrative Ansatz stellt die Bemühungen dar, die Gestalttherapie *Perls'* laut neuen Erkenntnissen und Forschungen weiterzuentwickeln und zu erweitern, und wo theoretische und methodische Engpässe sich zeigen, Korrekturen vorzunehmen.

Der Ansatz wurde im Fritz-Perls-Institut von seinem Mitleiter, H. Petzold, und seinen Mitarbeitern entwickelt, und stellt in folgenden Punkten eine Weiterentwicklung dar:

1.2.4.1. Erkenntnistheoretische Aspekte

Der Integrative Ansatz (*Petzold* 1990) basiert auf einer Bewusstseinstheorie, dass "Awareness" nicht als geschlossenes System dem Menschen innewohnt, sondern dass alles Wahrnehmen und Denken intersubjektiv, soziokulturell, biographisch-historisch begründbar ist. In anderen Worten: Die Interaktion mit der Umwelt gibt dem Menschen Informationen über sich und seine Lebensrichtung und konstituiert seine Identität.

Es wird davon ausgegangen, dass die Wahrheit über den Menschen sowenig unter Rückgriff auf eine metaphysiche Letztgewissheit begründbar ist, wie sie unter Bezugnahme auf eine dem körperlichen Sein inhärente Wahrheit bestimmbar ist. Das heisst, dass der Mensch immer in einem Prozess des Wandels begriffen ist (Heraklitisches Prinzip), der nicht nach einer Synthese strebt.

Alle Aussagen über den Menschen und seine Bestimmungen sind grundsätzlich unabgeschlossen und verändern sich stetig im Rahmen von Korrespondenzprozessen (*Petzold, Schneewind* 1986). Die Aussagen sind stets konsensuell, d.h. sie sind immer Ergebnis von kollektiven Definitionsprozessen. Daraus lässt sich ableiten, dass das Konzept der Ganzheitlichkeit nie bruchlos, sondern nur als komplexe mehrperspektivische Konzeptbildung realisierbar ist. Das Ganze enthüllt sich nie vollständig, ist utopischer Entwurf, impliziert also immer den Verzicht, sie ganz erreichen zu wollen.

1.2.4.2. Anthropologische Aspekte

Der Mensch als Leib-Subjekt in der Lebenswelt:
Im Unterschied zu *Perls'*, der auf den materialistischen-monistischen Begriff "Organismus" rekurriert, wird hier der Mensch mit dem phänomenologisch-hermeneutischen Begriff des Leib-Subjekts erfasst, der, weitergefasst, sowohl auf das Körper-Geist-Seele-Wesen des Menschen als auch auf seine soziale Realität hinweist. Dies ermöglicht, Bezüge auf klinische Phänomene herzustellen und diagnostische und therapeutische Kriterien abzuleiten (*Petzold* 1990).

Der Mensch ist danach ein wahrnehmendes, mit seiner Umwelt interagierendes Subjekt, eingebettet in soziale und ökologische Systeme.

Das Leib-Subjekt als ein "kreativer Leib":
Sowohl phylogenetisch wie auch ontogenetisch weist der Mensch auf eine evolutionäre Kreativität hin. Das Leib-Subjekt besitzt perzeptive, memorative, reflexive und expressive Fähigkeiten, mit deren Hilfe er die Welt erforscht, wahrnimmt, in ihr interagiert und sie kreativ verändert bzw. mitverändert.

Für die Entstehung der Sprache ist folgende Aussage wesentlich:
"Das Gedächtnisvermögen erweitert sich vom propriozeptiven zum atmosphärischen Gedächtnis. Es kommen das ikonische und szenische und zuletzt das verbale Gedächtnis hinzu und es entsteht reflexives Bewusstsein. Der Leib nimmt sich selbst in den Blick und wird damit reflexiver Leib: Ich schaue mich an!" (*Petzold* 1990).

Diese anthropologische Betrachtung hat meinen Ansatz für die Therapie von Redeflussstörungen stark geprägt: Der Weg zum korrekten, flüssigen Sprachvermögen, das eine höhere Abstraktion der vorgehenden kognitiven Funktionen darstellt und immer auf einer ganzheitlich körperlich verankerten Handlung basiert, führt eben immer durch die vorgehenden Phasen der Entwicklung, von konkret-sinnlichen zu abstrakt-reflexiven Fähigkeiten.

1.3. Elternarbeit: Systemische Betrachtungen

1.3.1. Allgemeine Betrachtungen

In den letzten Jahren hat sich die Tendenz entwickelt, Symptomkinder nicht isoliert, sondern im Rahmen ihrer Familie zu behandeln. Schon *Adler* richtete sein Augenmerk auf die Beziehungen innerhalb der Familie, auf Fehlerziehung und Geschwisterrivalität als prägende Faktoren für die kranke oder gesunde Entwicklung des Kindes.

"Die grössere Aktivität des einen kann zur Passivität des andern Anlass geben, der Erfolg des einen zum Misserfolg des andern" (1933, 139), sagt *Adler* über die Geschwisterbeziehung aus, und ist damit vergleichbar den modernen Erkenntnissen der Familiendynamik.

Anna *Freud* erkannte das Problem: Die psychotherapeutische Arbeit mit Kindern bedarf unvermeidlich auch einer besonderen therapeutischen Haltung gegenüber deren Eltern: "Die Eltern, welche das Kind erkranken liessen, und die, welche bei seinem Gesundwerden helfen sollen, sind immer noch die gleichen Personen mit den gleichen Ansichten" (1980, 73).

Mit den Untersuchungen der Mutter-Kind-Beziehungen und den sogenannten primitiven und zivilisierten Gruppenstrukturen (*Spitz*, *Erikson* u.a.), sowie mit der Entwicklung der Systemtheorie von *Bertalanffy* (1973), der Feldtheorie von *Lewin* (1982) und der ökologischen Betrachtungsweise von *Bronfenbrenner* (1980), ferner mit neuen Kommunikationstheorien verbreitete sich das Bedürfnis von Therapeuten und Beratern, die Familie des von der Familie deklarierten Patienten als Gesamtsystem in die therapeutischen Bemühungen miteinzubeziehen.

Seit der Erforschung des Schizophrenen in Zusammenhang mit dessen Familieninteraktionen durch die "Palo-Alto-Gruppe" (*Bateson*, *Haley*, *Weakland*, *Jackson*, *Satir* u.a. 1956) wird der Zusammenhang zwischen der Entstehung von Symptomen bei Kindern und einer "Delegation" (*Stierlin* 1978) oder einer "Jagd auf einen Sündenbock" (*Vogel* und *Bell* 1960) durch die Familie weitgehend anerkannt. Denn sogar bei einer schweren Erkrankung wie der Schizophrenie, die in der Psychiatrie oft als rein genetischen Ursprungs galt, konnten nun Beziehungsaspekte als Krankheitserreger empirisch nachgewiesen werden (*Jackson* 1960).

H.E. *Richter* (1963) widmet sein Buch der Frage des Zusammenhangs zwischen Neurosen der Eltern und der kindlichen Rolle innerhalb der Familie. Er bringt (S. 48) als schwerwiegenden Störfaktor für die Entwicklung des Kindes "die affektive Ablehnung", "Rejection" genannt, wobei in diesem Punkt eine

Übereinstimmung bei den verschiedenen Autoren herrscht, auch wenn die Skalen zur Klassifikation der elterlichen Einstellungen bei den verschiedenen Autoren im einzelnen differieren.

Er bringt drei Hauptäusserungsformen der "Rejection", die von *Kanner* (1957, 130) wie folgt eingeteilt werden:

Art der "Rejection"	Reaktion des Kindes
1. Offene Ablehnung	Aggressivität; Verwahrlosung; Affektflachheit
2. Perfektionismus	Enttäuschung; mangelndes Selbstvertrauen; Zwangserscheinungen
3. Overprotection	Verzögerung der Reifung und Emanzipation; verlängerte Abhängigkeit von der Mutter; Benehmen des verwöhnten Kindes

Er schreibt in seiner Einleitung: "So unbestreitbar die Bedeutung der unvermeidlichen Faktoren auch ist – der biologischen Anlage sowohl als der unausweichlichen sozialen Konfliktelemente – so fehlen doch in keiner Krankengeschichte einer kindlichen Neurose Spuren spezifischer traumatischer Milieueinwirkungen" (S. 16).

A. *Amman* (1979) teilt in seinen Ausführungen über den heutigen Stand der Familientherapie die bestehenden Interventionstechniken in drei Richtungen:

1) Analytische Familientherapie

2) Problemlösende Familientherapie

3) Wachstumsorientierte Familientherapie

Obwohl von verschiedenen Richtungen herkommend und verschiedene Interventionstechniken anwendend, haben sie einen deutlichen gemeinsamen Nenner. *Amman* beschreibt ihn wie folgt:

"Patient ist nicht nur derjenige, der erfassbare Krankheitszeichen trägt, sondern das System, in dem der Symptomträger lebt, also das Paar, die Familie oder eine noch grössere soziale Einheit. Fokus der Therapie ist dabei das Beziehungs- und Kommunikationsmuster innerhalb dieses sozialen Systems" (1979, 47).

Die Notwendigkeit, bei der Therapie stotternder Kinder die Eltern miteinzubeziehen, ist nicht neu. Bei der Arbeit mit diesen Kindern fällt es auf, wie verflochten die jeweilige Problematik des Kindes mit der Problematik seiner Familie ist. Die therapeutischen Konsequenzen werden jedoch je nach technischen Möglichkeiten und Ausbildung des Therapeuten anders ausfallen.

V. Axline (1974) vertritt – vom therapeutischen Standpunkt aus – folgende Meinung: "... (es besteht) keine unbedingte Notwendigkeit für eine gleichzeitige Arbeit mit Eltern ...".

Sie fährt aber fort: "Dadurch soll aber der Wert einer solchen gleichzeitigen Behandlung nicht herabgesetzt werden. Wären die Mutter und der Vater von T. zur Beratung gekommen, so wären vermutlich die Fortschritte schneller erreicht worden; die Eltern selbst hätten wahrscheinlich einen Gewinn von der Beratung gehabt, der über ihre Sorgen mit T. hinausgegangen wäre."

"Ebenso ist es, wenn umgekehrt gearbeitet wird: Wenn Eltern beraten werden, und das Kind erfährt keine Behandlung. Das zeigt, wieviel einfacher und erfolgreicher eine Therapie für Eltern und Kinder wäre" (1974, 68).

Heese (1976) erwähnt in dem Kapitel über "Die Verhütung des Stotterns im Kindesalter" einige Tendenzen in der Familie des Kindes, die zur Fixierung des Stotterns im Kleinkindalter führen können, wie: Konflikthafte Familienkonstellation, betriebsame, redselige Mutter, überforderte Eltern, ein mit seiner Autorität erdrückender Vater, Klima der Unwahrhaftigkeit in der Familie usw. (S . 9-11).

Heese summiert: "Ohne eine allgemeine Psychohygiene des Alltagslebens ist auch in der Prophylaxe der Sprachneurose nicht weiterzukommen" und weist auch auf *Trojan*, *Luchsinger* und *Ringel* (S. 11) hin.

Hennig (1967) geht soweit, bei der ambulanten Behandlung stotternder Kinder die Elternmitarbeit als Bedingung zur Therapie zu stellen:

"Es empfiehlt sich ferner, Stotterer im Kindes- und Jugendalter nur dann in eine Behandlung zu nehmen, wenn sich deren Eltern gleichzeitig zur Teilnahme an einem mindestens sechsmal durchzuführenden Elternkurs verpflichten" (1967, 53).

Motsch (1979) vergleicht die verschiedenen Autoren, die entwicklungstheoretische Aspekte von stotternden Kindern erwähnen (S. 48-49), sowie solche, die Mutter- und Vatercharaktermerkmale und Erziehungsverhalten als mitprägend für das stotternde Kind ansehen (S. 67-70). Er fasst zusammen: "Bei vorsichtiger Gewichtung der vorgehenden Hinweise auf 'typische Stottererfamilien' können zumindest gewisse Auffälligkeiten als überzufällig angesehen werden. Viele Eltern scheinen in ihrer Erziehungshaltung dadurch charakterisierbar zu sein, dass sie oft auf dem Hintergrund eigener Probleme durch ihr Verhalten Eigeninitiativen des Kindes erschweren oder unterdrücken, Verunsicherung erzeugen und somit die Selbstentfaltung des Kindes gefährden. Daraus resultiert die *Notwendigkeit einer Analyse der Familiendynamik,* die sich im einzelnen Fall als wesentliche Komponente beim Aufrechterhalten des Stotterns erweisen kann" (1979, 71).

Fiedler und *Standop* finden eine Vereinbarung sinnvoll, welche die Eltern von vornherein an eine Mitarbeit in der Therapie bindet. Elternarbeit sollte vorrangig darauf abzielen, *sprachliche Verunsicherung des Kindes zu verhindern* (*Fiedler* und *Standop*, 1986, 213).

Diese Minimalforderung bei der Elternarbeit kann sich jeder praktizierende Sprachtherapeut als Ziel setzen, ohne Gefahr zu laufen, seine Kompetenz zu überschreiten.

Drei Formen der therapiebegleitenden Elternarbeit bei stotternden Kindern können unterschieden werden (Katz-Bernstein 1992):

Kindertherapiebegleitende Elternarbeit
Das Anvertrauen des stotternden Kindes an den Therapeuten bedeutet an sich schon eine Öffnung des Systems. Das Vertrauen der Eltern zu gewinnen, sie wohlwollend und akzeptierend zu begleiten, sie immerzu zu informieren, Verbindungsperson zwischen individuellem Stil der Familie und institutionalisierten Sozialisationsanforderung zu sein und mit übersteigerten Erwartungen der Eltern umzugehen, sind schwierige, differenzierte, nötige Bereiche und Ziele der therapiebegleitenden Elternarbeit, die zunächst nicht primär auf Veränderungen in der Familie abzielen.

Elterntraining
Hier wird das Ziel verfolgt, ein falsches, pathologisierendes Verhalten der Eltern abzubauen und/oder positives Verhalten zu verstärken und aufzubauen, Risikofaktoren zu reduzieren. Diese sollten m.E. indikatorisch sorgfältig abgeklärt werden, da bei Familien stotternder Kinder oft schwerer zu erfassende kommunikativ-athmosphärische Störungen vorliegen können.

Elternberatung
Diese geht in ihrer Zielsetzung über die obenerwähnte therapiebegleitende Elternarbeit hinaus, da sie Erziehungsberatung und Problemlösungshilfen anbietet. Durch dieses Beratungssetting können sich die Eltern Hilfen holen, die dann zu neuen Einsichten und zur Verhaltensänderung führen, die aber nicht wie beim Elterntraining direktiv angegangen worden sind, sondern als Ergebnis der Beratung resultieren. In dieser Form der Elternarbeit sind verschiedene Settings und unterschiedlicher zeitlicher Aufwand und Intensität anzutreffen, in Einzelberatung oder in Elterngruppen. Diese Arbeit bedarf einer Sonderqualifikation der Berater oder zumindest einer Arbeit unter Supervision, da die

Arbeit mit den Eltern umso anfälliger für unbewusste Übertragungs- und Gegenübertragungsprozesse ist, je intensiver sie verläuft.

1.3.2. Gespräche mit Eltern: Kindertherapiebegleitende Elternarbeit

Meine Gespräche mit den Eltern der behandelten Kinder haben zwei Funktionen:

1. Erfassungsgespräche (Anamnese, Beobachtung, Vorbereitung)

2. Therapiebegleitende Gespräche:
   a) Vorbereitung für Verhaltensänderungen beim Kinde
   b) Feedback über Verhaltensänderungen des Kindes
   c) Auffangen von diesbezüglichen Problemen
   d) Partielle Beratung und Stütze

1.3.2.1. Die Erfassungsgespräche

Sie dienen zur Abklärung, Erhebung der Anamnese und zur Vorbereitung auf die Therapie.

Zu diesen Erstgesprächen erscheinen meistens Mutter und Kind, seltener beide Elternteile mit Kind, gelegentlich Vater mit Kind, noch seltener ein älteres Geschwister mit dem Kind. Bei Heimkindern erscheinen manchmal Heimleiter/in oder Sozialarbeiter/in mit dem Kind.

Zunächst kommt ein kurzes, gegenseitiges Vorstellen, dann ein gemeinsames Ausfüllen eines offiziellen Fragebogens, der Anlass zu Nebenfragen gibt und zu einem gemeinsamen Gespräch mit *Eltern und Kind* über Wohnort, Schulung, Lehrer, Lieblingsfächer führt.

Bereits bei diesem Gespräch lässt sich die Interaktion Eltern-Kind beobachten, die wertvolle Hinweise über das Problem des Kindes und das Verhalten der Eltern gegenüber dem Kind geben kann. Dann kommt ein Gespräch mit dem Kind über seine Interessen, Hobbies und Spielgewohnheiten in Anwesenheit der Eltern. Dabei sollte ein Erstkontakt zwischen mir und dem Kind entstehen. Bei sehr scheuen oder mutistischen Kindern versuche ich, einen Kontakt durch ein Klangstäbchenspiel herzustellen (siehe 2.3.1., Übungsteil). Dabei lässt sich einiges über die Kontaktfähigkeit und Selbständigkeit des Kindes erfahren und ebenso über die Einstellung der Eltern zum selbständigen Kontakt des Kindes mit einer Drittperson.

Wenn das Kind dazu fähig ist, überlasse ich es sich selbst im Spielzimmer mit der Aufgabe, einen Baum zu zeichnen (Baumtest) und mit einem Hinweis auf die Spielzeuge, die es sich dann zum Spielen auswählen kann, und gehe mit den Eltern ins Nebenzimmer.

Dort kläre ich ab:

- wie die Eltern das Problem sehen;
- den Entwicklungsgang des Kindes (Anamnese);
- ob eventuell weitere Abklärungen vereinbart werden müssen (ärztliche Untersuchungen, EEG, Psychomotorik usw.);
- die Einstellung und Motivation zur Therapie.

In diesem Gespräch wird gemeinsam beschlossen, ob das Kind zur Therapie aufgenommen wird oder nicht. Wenn ja, gebe ich meinerseits:

- kurze Angaben über Form der Therapie und allgemeine Erfolgschancen
- Aufforderung und Ermutigung zur Mitarbeit
- Aufklärung über reale Möglichkeiten zur Mitarbeit

Meistens werden die Eltern zu einem weiteren Gespräch ohne Kind eingeladen, um die obengenannten Punkte zu vervollständigen.

Bei der Rückkehr ins Zimmer wird dem Kind der gemeinsame Entschluss zur Aufnahme (oder nicht) zur Therapie mitgeteilt, ein Termin vereinbart, mit der Bemerkung, dass *wir* (ich und es) das nächste Mal mehr Zeit haben würden, uns zu unterhalten, Fragen zu beantworten, zu sprechen oder zu spielen.

1.3.2.2. Therapiebegleitende Gespräche

Ist das Kind zur Therapie aufgenommen, findet innerhalb des ersten Monats ein zusätzliches Gespräch statt. Dabei werden folgende Gesichtspunkte ermittelt:

- Einstellung zur Therapie
- weitere Information über Familienverhältnisse, Geschwisterkonstellation usw.
- erste Beobachtungen von Verhaltensänderungen beim Kind
- Ankündigung von möglichen Verhaltensänderungen beim Kind und Hilfe zur richtigen Reaktion
- Besprechung von spezifischen Problemen und gemeinsamen Lösungsversuchen
- wenn nötig Motivationsversuch, um von alternativer, bestehender Elternhilfe zu profitieren (Eheberatung, Einzeltherapie, Elternkurse).

Diese Gespräche sind besonders wichtig, wenn in der Therapie:

- das Kind eine neue Entwicklungsrichtung zeigt, die zuhause aufgefangen werden sollte,
- ein spezifisches Problem auftaucht, das direkt Eltern oder Geschwister betrifft,
- ein Problem auftaucht, zu dessen Lösung die Hilfe der Eltern unterstützend wirken kann,
- das Kind gegen die Therapie Widerstände entwickelt, die mir unklar scheinen.

Ausserdem findet ein Einzelgespräch auf Wunsch der Eltern jederzeit statt und wird gefördert.

Unerlässlich sind die Gespräche mit den Eltern, um:

a) den Zeitpunkt des Übergangs von der Einzel- in die Gruppentherapie festzusetzen;
b) den Zeitpunkt zur Beendigung der Therapie zu bestimmen.

1.3.2.3. Prinzipien für sprachtherapeutische Elternarbeit

In den vorhergehenden Abschnitten (1.3.2.1. und 1.3.2.2.) habe ich meine eigene Form der Elternarbeit dargestellt. Sprachtherapeuten ohne zusätzliche Ausbildung sollen folgende Prinzipien helfen, die Grenzen ihrer möglichen Elternarbeit zu erkennen. Diese Prinzipien sollen verhindern, eigene Kompetenzgrenzen zu überschreiten. Es soll aber auch klar werden, wie gross die Aufgabe der Elternarbeit innerhalb der sprachtherapeutischen Arbeit dennoch bleibt.

Ich möchte hier nicht versäumen zu betonen, dass die Elternarbeit in der Sprachbehindertenpädagogik einer viel umfassenderen Auseinandersetzung bedarf als hier vorgestellt.

Die hier erwähnten Akzente sollen als zusammenfassende Impulse verstanden werden.

Ein Sprachtherapeut kann sich bei der Elternarbeit auf folgende Punkte konzentrieren:

- die Eltern grundsätzlich als Menschen und als (Haupt-) Erzieher des Kindes akzeptieren;
- positive Einstellung der Eltern zur Therapie erreichen;
- Informationen über Anamnese und Entstehung der Störung einholen;
- Informationen über Gewohnheiten und Sprechverhalten zuhause einholen (ohne sie zu bewerten oder vorerst ändern zu wollen);
- eventuelle Erziehungsprobleme, welche die Eltern von sich aus erzählen, anhören und als Probleme anerkennen und definieren helfen (nach *Rogers*);

(Lösungen alleine finden lassen, sonst offen lassen!)
- wenn gefragt, den Eltern helfen, eine Einstellung gegenüber der Sprachstörung zu finden, die dem Kind nicht schadet (individuellen Erziehungsstil beachten). Dabei akzeptieren, dass einige Einstellungen oft tiefere Ursachen haben, die nicht leicht geändert werden können (siehe auch *Fiedler* und *Standop*, 1986, 213). Darum den Eltern das Recht einräumen, sich durch diese Gespräche nicht ändern zu müssen;
- eigene Einstellung zur Sprachstörung, zum Kind und zur Therapie darstellen und begründen, ohne von den Eltern zu erwarten, dass sie sie übernehmen;
- wenn nötig, die Eltern motivieren, eine zusätzliche fachliche Hilfe anzunehmen (Ehe-, Erziehungsberatung oder Therapie).

Weniger ratsam wäre es für einen Sprachtherapeuten/Logopäden:

- Ratschläge jeglicher Art unaufgefordert zu erteilen
- bei Ehe- und Familienproblemen zu intervenieren
- den Erziehungsstil ändern zu wollen
- "der Modellerzieher" sein zu wollen
- den Schutzengel des Kindes den Eltern gegenüber zu spielen
- sich von den Eltern gegen Lehrer, Ärzte und Behörden einspannen zu lassen.

Es erfordert viel Gefühl, Takt und persönlicher Reife, bis sich der eigene Stil bei der Elternarbeit entwickelt; schöne und auch negative Erfahrungen gehören einfach dazu. Schon im Talmud steht:

"Nicht du musst die Arbeit vollenden, aber nicht frei bist du, dich ihr zu entziehen" (*Mischna*, 2, 21).

1.3.3. Arbeit im weiteren Umfeld

Das Kind, in seine Familie und Umwelt eingebettet, bringt nicht nur sich selbst und seine Eltern, deren Mitarbeit wir im vorgehenden Abschnitt besprochen haben, mit in die Therapie, sondern auch weitere "Umweltausschnitte" (*Bronfenbrenner* 1980): Die Umwelt des Kindes besteht aus Schule, Lehrern, Kameraden, Verwandschaft, Freizeitgruppen und noch vielen anderen. Wenn wir uns vor Augen halten, welch einen grossen Anteil die Umwelt in der Prägung der kindlichen Entwicklung einnimmt, wird uns als Therapeut die Notwendigkeit der Auseinandersetzung oder gar der Kontaktnahme mit der Umwelt des Kindes klar.

Die Arbeit mit der Familie und der Umwelt des Kindes bedarf einer besonderen Reflexion über die eigene Haltung ihr gegenüber.
Aus einer mehrjährigen Auseinandersetzung mit der Arbeit im weiteren Umfeld bei redeflussgestörten Kindern ist "Die Grundhaltung als Logopäde" entstanden (Seite 39).

Drei Umweltbeziehungen seien hier erwähnt:

1. Die Lehrer
2. Andere Fachkräfe um das Kind
3. Die Kultur

1.3.3.1. Die Lehrer

Wichtig scheinen mir vor allem die Kontakte mit den Lehrern des Kindes. Eine positive Haltung des Lehrers zur Therapie ist unschätzbar fördernder für das Kind als diejenige eines uneinsichtigen Lehrers.

Ein (zumindest telephonisches) Gespräch mit dem Lehrer findet *immer* statt:

- beim Eintritt in die Therapie
- beim Auftreten von neuen Schulproblemen
- bei auffälligen Veränderungen des Symptoms (als Feedback)
- beim Wechsel in eine Gruppe
- bei der Entlassung

Je nach Bedarf werden auch weitere Gespräche eingesetzt.

Der Lehrer wird aufgefordert, jederzeit Kontakt aufzunehmen, wenn er das Bedürfnis dazu hat, oder wenn es ihm wichtig erscheint. Es wird ihm klargemacht, dass wir auf seine Informationen angewiesen sind, da er vom täglichen Kontakt und seinen Beobachtungen her Kenntnisse über das Kind besitzt, die wir als Therapeuten nie besitzen können.

Gelingt der Kontakt mit dem Lehrer und können wir seine Mitarbeit gewinnen, so kann die Zusammenarbeit zu einem beglückenden Erlebnis für alle Beteiligten werden.

Ein Fall dazu:

André, Polterer-Stotterer, kommt seit 2 1/2 Jahren in die Therapie. Er hat eine ältere Lehrerin, die grossen Wert auf Ordnung und Sauberkeit legt und André gegenüber eine mitleidvolle Haltung "für den armen Jungen" zeigt und die in bezug auf seine Unordnung und Zerstreutheit ein Auge zudrückt. André macht in diesen 2 1/2 Jahren zwar Fortschritte, aber seine Unsicherheit, vor allem Ordnung und Autorität sowie den Mitschülern gegenüber, bleibt gross. Beim Übertritt in die 4. Klasse bekommt André einen neuen Lehrer. Dieser nimmt von sich aus mit mir Kontakt auf und erweist sich als lebensfroher, verständnisvoller und geschickter Lehrer. Er nimmt André ernst und stellt an ihn die gleichen Forderungen wie an andere Schüler, bei Fehlleistungen jedoch geht er ermutigend und unterstützend vor. Wir beschliessen nun gemeinsam mit den Eltern den Übertritt Andrés in die Kindergruppe, wo er mit seinen Fortschritten alle überrascht: Innerhalb eines halben Jahres sind die Stotterer-Polterer-Symptome auf ein minimales Mass reduziert. Seine Selbständigkeit und sein Mut steigen rapide, und er lernt sich in der Gruppe zu behaupten, sich mehr zuzutrauen und sich besser einzuschätzen. Vor allem ist seine Resignationstendenz verschwunden, und neu dazu kommt die Fähigkeit, bei schweren Aufgaben seine Befürchtungen auf eine humorvolle Art auszudrücken, die von den anderen akzeptiert und sogar bewundernd entgegengenommen wird. Nach einem halben Jahr Gruppentherapie konnte er als "geheilt" entlassen werden.

1.3.3.2. Andere Fachkräfte um das Kind

Ein anderer wichtiger Umweltfaktor im Leben des Kindes sind auch sonstige Fachkräfte, die sich um das Kind bemühen: Ärzte, Schulpsychologen, Psychiater, Spieltherapeuten, Legastenielehrer, Psychomotoriklehrer, Logopäden, die eine zusätzliche Sprachstörung behandeln usw. Denn "das Ziehen am gleichen Strick" und die Zusammenarbeit erweisen sich für alle Beteiligten als das einzig Richtige.

Am erfolgreichsten und befriedigendsten haben sich gemeinsame Sitzungen erwiesen, zu denen alle Fachkräfte und Eltern eingeladen wurden, wenn ein Entscheid gefällt werden musste: Übertritt in eine Sonderklasse, Schulwechsel, Beginn und Abschluss einer Therapie usw. Jeder konnte aus seiner Sicht seine Meinung vertreten, und am Schluss wurde ein gemeinsamer Entscheid gefasst.

Leider sind solche Treffen nicht immer realisierbar.

1.3.3.3. Schema für Grundhaltung

Ein Grundhaltungsschema des Logopäden, das im Zürcher Team zur Behandlung von stotternden Kindern (Schulamt Zürich, 1979) erarbeitet wurde, soll eine konkrete Einstellungsübersicht geben:

Die Grundhaltung als Logopäde:

I. Als Therapeut habe ich keine Sonderstellung, sondern bin Mitbegleiter des Kindes.

Kind =

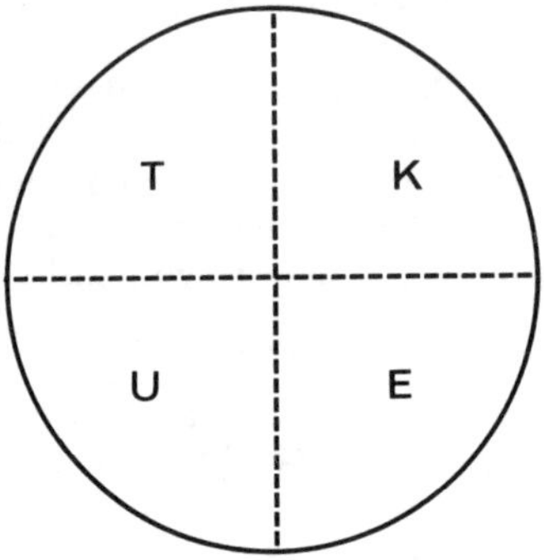

K = Erbanlage und kreative Möglichkeiten des Kindes, seinen Lebensstil zu entwickeln

E = Familienkonstellation (Eltern, Geschwister)

U = Übrige Umwelt: Schule, Lehrer, Kameraden, Verwandtschaft und Kultur

T = Therapie

Wichtig: Die Grenzen zwischen den einzelnen Sektoren sind flexibel.

II. Wie sehe ich meinen Platz als Therapeut ?

1. Ich versuche, das Kind, seine Umwelt sowie seine Eltern zu verstehen.

2. Ich biete dem Kind Möglichkeiten zur Entwicklung an, so wie es auch die Eltern, Lehrer und die Umwelt tun.

3. Ich will nicht für meine Therapie, sondern für das Kind etwas erreichen, dazu bin ich auf die Solidarität der Angehörigen angewiesen.

4. Ich muss lernen, meine Erwartungen an das Kind nicht zu hoch zu setzen und es mit seinen Möglichkeiten und Begrenzungen zu akzeptieren.

5. Jeder trägt die Verantwortung für seinen Anteil in der Erziehung, das heisst, ich trage die Verantwortung für meine therapeutische Arbeit, aber nicht für die Gesamtentwicklung des Kindes.

III. In Gespräch mit Eltern und Lehrer drückt meine Haltung aus:

- Ich verstehe Sie und Ihre Situation
- Ich akzeptiere Ihre Art
- Ich will Sie nicht belehren
- Ich möchte mit Ihnen zusammenarbeiten
- Ich unterstütze Ihre Arbeit
- Ich brauche Ihre Unterstützung auch für meine Arbeit
- Sie können mir die Verantwortung in bezug auf das Stottern überlassen
- Wenn Sie es wünschen, können wir versuchen, gemeinsam eine Lösung für ein Problem zu finden.

N. Katz-Bernstein
S. Hardmeier
E. Guldenschuh
M. Vögeli
(Logopädisches Zentrum 1979)

1.4. Die Sprachtherapeutischen Massnahmen bei Redeflussstörungen

1.4.1. Die sprachtherapeutischen Massnahmen in der Theorie

In diesem Buch wird von der Annahme ausgegangen, Stottern sei eine Redeflussstörung, welche in besonderen kommunikativen Situationen auftritt, die für jeden Stotterer individuell und verschieden sind.

Stottern kann beim Kind durch eine Kommunikationsstörung zwischen ihm und seinen ersten Beziehungspersonen entstehen (*Wyatt* 1973) und wird durch ein Zusammenspiel mehrerer Faktoren aufrechterhalten (*Heese* 1976). Das

Stottern betrifft nicht nur die Sprache, sondern beeinflusst die gesamte Persönlichkeit: Mimik, Gestik und Körpersprache sind betroffen (*Krause* 1981), und bei älteren Stotterern scheint sich der Aufbau der Persönlichkeit um das Symptom zu drehen (*Van-Riper* 1979)

Wenn wir uns dem sprachtherapeutischen Zugang zur Behandlung des kindlichen Stotterns zuwenden, so ergeben sich einige abgeleitete Ziele; es handelt sich neben korrektivem Ummodeln der Sprechmuster und des Sprechprozesses um eine Arbeit an den Wurzeln der Störung. Es gilt, die kommunikativen Fähigkeiten und Muster des Kindes von Grund auf wieder neu aufzubauen und Fehlendes zu erwerben.

Wenn wir stotterne Kinder betrachten, beobachten wir oft eine "maligne Progression" (*Petzold* 1981) der Sprache: Das Kind möchte zu schnell, zu früh die Sprache als perfektes Instrument benutzen. Es geht zu wenig spielerisch und gelassen mit der Sprache um und verlernt es oft, die metakommunikativen Instrumente – Mimik, Gestik, Prosodie und Körpersprache – als unterstützende und flussgewährende Begleitung zum Sprechen einzusetzen (s. auch *Krause* 1981). Genau dieses verkrampfte "Sich-auf-die-Sprache konzentrieren" überfordert dann den Sprechvorgang. Die Suchbewegung beim Sprechen, die durch den Fluss der Bewegung, Mimik und Gestik unterstützt wird, reduziert sich auf das fertige Produkt des Satzes. Die Möglichkeit der Sprache, Nuancen, Emotionalität und Intention auszudrücken, wird dadurch stark eingeschränkt. Das Kind bleibt oft unbefriedigt vom Sprechvorgang. Denn oft sind es nicht die Worte, die eine Intention offenlegen, sondern eben die metakommunikativen Mittel. Je mehr jedoch das Unbehagen des Kindes wächst, seine Intentionen nicht ausdrücken zu können, um so mehr bemüht es sich, seine Sprache zu perfektionieren. Das ist oft der Grundstein des Teufelkreises, aus dem der erwachsene Stotterer nicht mehr herausfindet.

Wenden wir uns nun einigen therapeutischen Überlegungen anderer Autoren zu:

Boehme sagt in seinem Buch "Das Stotterer-Syndrom" (1977, 32): "Die von Nadoleczny im Jahre 1929 mitgeteilten Ergebnisse – 1/3 beschwerdefrei, 1/3 gebessert und 1/3 Patienten unbeeinflusst – sind trotz aller neuen Erkenntnisse und Einbeziehung kombinierter Behandlungsverfahren nach wie vor im wesentlichen noch gültig."

Diese Feststellung von *Böhme* führt uns zur Frage, ob die Behandlung solcher Kinder mit dem Ziel der "totalen Befreiung vom Symptom" grundsätzlich und in jedem Fall verantwortbar und realistisch ist.

Motsch (1979) behandelt in seinem Buch die Frage des sinnvollen Einsatzes und versucht zu zeigen, dass die Unsicherheit des Ansatzes daher rührt, dass es keine *eigentliche Stottererpersönlichkeit gibt.*

Er schreibt in seiner Stellungnahme zu dieser Frage: "Die Tatsache, dass die Quote sogenannter "Heilungen" seit 1929 unverändert geblieben ist, sollte nicht zur Resignation, sondern im Gegenteil zu Optimismus Anlass geben. Denn wenn relativ eingeschränkte, starre, teilweise unspezifische Methoden in 2/3 der Fälle zu Besserungen führen, so ist die Vermutung berechtigt, dass ein umfassender, individueller, spezifischer Ansatz eine höhere Erfolgserwartung bestätigen könnte" (S. 103).

Als Konsequenz versucht er, ein "Integratives Modell" (ab S. 133) herauszuarbeiten, das individuell auf den stotternden Menschen zugeschnitten wird und das die meisten bisher angegangenen Ansätze und Betrachtungsweisen einbezieht.

Heese (1976) bringt eine ähnliche Beobachtung: "Die Vielfalt der Erscheinungsweisen, unter denen diese Sprachstörung auftritt, ergibt sich aus ganz unterschiedlichen Ursachen, die zum Stottern führen können" (S. 17). Und: "Alle Erfahrungen in der Sprachheilkunde lehren aber, dass eine Kombination mehrerer Einzelursachen häufig und das Vorliegen einer einzigen Ursache für das Stottern selten ist" (S. 20).

Das Problem des therapeutischen Ansatzes sieht *Heese* wie folgt: "Wie können die Übungsbehandlungen und die Psychotherapie am besten, d.h. möglichst organisch miteinander verbunden werden? Die Schwierigkeit liegt ja darin, dass Übungs- und Psychotherapie oft in verschiedenen Händen liegen" (S. 30).

Grohfeldt, der die Notwendigkeit der mehrdimensionalen, prozessorientierten Diagnostikmethode für sprachgestörte Kinder nahelegt, sieht die Gefahr bei der Bestimmung der pädagogisch-therapeutischen Massnahme in ihrer Einseitigkeit, die der Komplexität der Störung oder der Behinderung nicht gerecht wird. Er befürwortet folgende Einstellung:

"Diese unter dem Aspekt der handlungsorientierten Pädagogik bei Sprachbehinderten aufgezeigte Problematik verweist auf die Notwendigkeit einer komplexen Förderung der Grundvoraussetzungen zur Sprachentwicklung, die nicht von den sozialen Erfahrungen und Rollenkonstellationen losgelöst sein darf." Er fährt weiter: "Für die therapeutische Zielsetzung bedeutet dies, dass nicht nur der inhaltlich und formal richtige Gebrauch von Sprache angestrebt wird, sondern auch die Möglichkeit zur situativ variierenden Anwendung bei unterschiedlichen Kommunikationspartnern" (1979, 82-83).

Wenn wir also die verschiedenen Meinungen der hier zitierten Autoren zusammenfassen, kommen wir zu folgenden Schlüssen:

- Es gibt (bis jetzt) keine "total erfolgreiche" Therapiemethode für Stotterer
- Die Ursachen für das Stottern sind verschieden und komplex

- Es gibt keine eigentliche Stottererpersönlichkeit
- Die therapeutische Massnahme muss individuell angepasst sein
- Die Sprachtherapie darf nicht nur inhaltlich und formal sein
- Sie soll auch nicht losgelöst von den sozialen Erfahrungen und Rollenkonstellationen sein
- Nicht nur die Sprache allein, sondern die gesamten kommunikativen Fähigkeiten müssen Gegenstand der Therapie werden.

Und für die praktische Arbeit am wichtigsten:

- Es gibt keinen Anlass zur Resignation!

Vielleicht wird die Wichtigkeit der *logopädischen* Massnahmen bei Stotterern deutlich, wenn man die Formel der therapeutischen Ansätze von *Motsch* betrachtet:

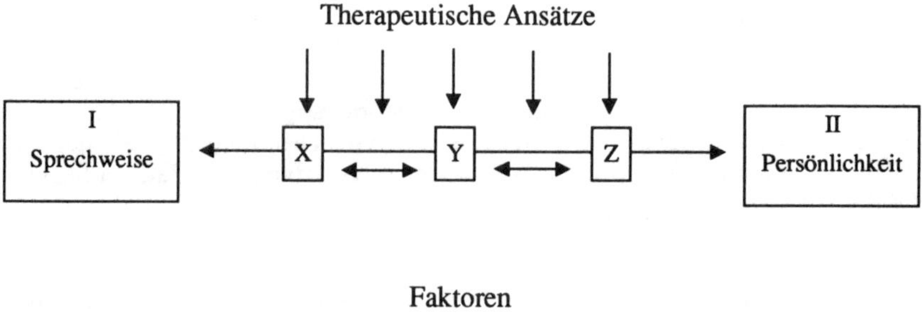

Legende:

Auf einer Ebene sind Faktoren angeordnet, die:

a) für die Veränderung der Sprechweise,
b) für die Veränderung der Persönlichkeit relevant sind.

Die Verbindung (←——→) deutet an, dass Veränderungen der Sprechweise die Persönlichkeit verändern können und umgekehrt.

Wechselbeziehungen bestehen auch zwischen den Faktoren X, Y, Z. Die Entfernung des Faktors zu den Polen (I, II) gibt an, inwiefern die Auswirkung des Faktors primär auf die Veränderung der Sprechweise oder auf die Veränderung der Persönlichkeit bezogen wird.

Beispiel: Faktor X könnte "gestörte Atmung" sein,
Faktor Y könnte "erhöhte Erregbarkeit" sein,
Faktor Z könnte "falsches Erziehungsverhalten der Eltern" sein.

Therapeutische Verfahren setzen an bestimmten Punkten der Faktorenebenen an (*Motsch* 1979, 88).

Wie schon erwähnt, sind die Breite des Ansatzes einerseits (*Grohnfeldt*) und die individuelle Anpassungsmöglichkeit auf die Persönlichkeit des Kindes andererseits (*Motsch*) am meisten erfolgversprechend. Ob nun die Massnahme bei dem Ansatz I – Sprechweise, oder bei II – Persönlichkeit, angesetzt wird, scheint nicht von primärer Bedeutung.

Erst wenn wir uns der Problematik bewusst sind, können wir die Ziele der sprachtherapeutischen Behandlung von stotternden Kindern diskutieren. Denn die Gefahr der Einseitigkeit sollte uns bewusster machen in der Wahl der sprachtherapeutischen Therapiemethoden.

Wichtig scheinen mir zwei Grunderkenntnisse, die auch von neueren Veröffentlichungen über das Stottern vertreten werden (*Heese*, *Motsch*, *Krause*):

- Das Stottern ist ein kommunikativ-soziales Geschehen

- Stotterer neigen dazu, ihre allgemeine Ausdrucksfähigkeit einzuschränken (Mimik, Gestik, Stimme, Körperhaltung)

Weitere Aussagen dieser Autoren sollen an dieser Stelle erwähnt werden:

Motsch zählt prognostisch zu den besten Voraussetzungen zur Integration von Stotterern: "Stärkung des Selbstbewusstseins, der Selbstsicherheit und der Selbstbehauptung" (1979, 126).

Heese beschreibt den Stotterer mit psychischer Anamnese, für den seine Übungstherapie bestimmt ist: "Bei solchen Stotterern ist das normalerweise ungefähr ausbalancierte *Verhältnis von Erleben, gefühlsmässiger Verarbeitung und Ausdruck* insgesamt gestört" (1976, 37).

Krause erwägt als Bilanz seiner Untersuchung, "... dass es ein wichtiges Lernprogramm für den Stotterer sein könnte, *expressives Sprechen zuerst einmal ganz ohne die Verwendung von Sprache zu lernen*", und dass die Behandlung Stotternder "sich weniger um das Stotterer-Ereignis und mehr um den Stotterer kümmern sollte" (1976, 140).

Richter (1967) betont die Bedeutung von Mimik, Gestik und Sprachrhythmus in der Behandlung des Stotterns.

Fiedler und *Standop* (1986) sagen über die Sprechbehandlung bei beginnendem Stottern: "Der Einsatz von Pantomime und Improvisationsübungen erweist sich u.E. als besonders günstig. Hierbei wird unter anderem das nichtsprachliche Ausdrucksverhalten gefördert" (*Fiedler* und *Standop*, 1986, 216).

Alle diese Erkenntnisse und die abgeleiteten altersadäquaten Überlegungen haben mich zu den Ursprungselementen der Sprache und der Kommunikation geführt. Wenn wir die kommunikativen Elemente der Sprache von neuem aufbauen, können wir uns sprachtherapeutisch auf einem sicheren, uns bekannten Boden bewegen, mit kindgemässen Mitteln, ohne Gefahr, etwas Contraindiziertes ausgeführt zu haben, und mit dem sicheren Gefühl, entsprechend neueren Erkenntnissen über das Stottern zu arbeiten.

1.4.2. Ein neues Verständnis für sprachtherapeutisches Handeln

Die Tatsache, dass das Stottern eine komplexe, vielschichtige Störung ist, wirkt manchmal sowohl bei Kindertherapeuten als auch bei Sprachtherapeuten/Logopäden entmutigend, und zwar wegen der Unsicherheit bei der Frage der Berufszuständigkeit und der Abgrenzung. Die Psychotherapie lässt oft – aus Mangel an vertieftem Wissen über sprachliche Zusammenhänge – das Symptom beiseite und arbeitet indirekt an der allgemeinen Problematik des Kindes. In der Sprachbehindertenpädagogik trifft man oft verhaltenstherapeutisch orientierte oder andere Massnahmen, die gezielt am Symptom arbeiten und der Gesamtproblematik des Kindes wenig bis keine Beachtung schenken. Dies ist verständlich, da es noch wenig praktisch anwendbare Therapiemodelle gibt, die das Kind, seine Störung und seine Umwelt als ganzes auffassen und in die Therapie miteinbeziehen, ohne die Berufszuständigkeit der Sprachtherapeuten/Logopäden zu überschreiten.

Therapeutische Wandlungen in dieser Richtung sind in der amerikanischen Literatur feststellbar.

Es setzt sich die einzelfallorientierte Betrachtungsweise durch, die dazu führt, das Stottern als Sozialstörung und den Einbezug der Umwelt als unverzichtbar zu sehen (*Motsch*, 1984). *Motsch* sagt: "Wenn logopädisches Handeln zum Ziel hat, dem Behinderten bei der Lebensbewältigung zu helfen, muss es sich an den ganz konkreten, individuellen Lebensbedingungen orientieren. Es muss die aktuellen Lebensschwierigkeiten im Leben in die Therapie mithineinnehmen" (1984, 22). "Der Logopäde muss das Kind dort abholen, wo es auf seinem Weg zur Sprache steht und diesen Weg dann gemeinsam mit ihm gehen" (1984, 20).

Ergänzend könnte man dazu sagen, dass das Lernvermögen und das Spracherwerbsverhalten des Kindes eng mit seinen Lebensbewältigungsstrategien und emotionalen Vorgängen zusammenhängen und es darum neue Inhalte meist nur dann aufnimmt, wenn sie für seine Beziehungen und sein Gefühlsleben eine Relevanz haben.

In der Sprachentwicklungsforschung finden wir eine Bestätigung: "Denn geht man davon aus, dass das Kind von Beginn an sozial ist und mit seiner primären Personenumwelt interagiert, so liegt der Schluss nahe, dass frühere Formen der Interaktion die Grundlage für die Entstehung von Handlungs- und Sprachmustern bilden" (*Grimm* 1977, 58)

Dieser dynamische, kommunikative Aspekt in der Entstehung der Sprache, die Einsicht, dass eine effiziente Therapie die Beziehungsebene miteinbeziehen soll, bringt neue Zuständigkeiten, aber vor allem auch eine neue Verantwortung mit sich. Denn der Therapeut wird von einem "Lernstoffvermittler" zu einer weiteren Beziehungsperson, die in das Leben des Kindes – mindestens temporär – eindringt und sein Verhaltensmuster und seine Lebenseinstellung mitformt. Nicht, dass früher alle diese Aspekte in den herkömmlichen Sprachtherapieformen keine Rolle gespielt hätten. Sie aber bewusst ins Therapiekonzept miteinzubeziehen, verlangt ein vertieftes Verständnis für die eigene Beziehungsrolle in der Sprachtherapie und die Fähigkeit zur Selbstreflexion (vgl. *Olbricht* 1987).

Die hier vorgestellte Behandlungsmethode versucht nachfolgendem Anspruch gerecht zu werden: Sie möchte an der Sprache selbst therapeutisch ansetzen, jedoch soll, durch ein breiteres Verständnis der Sprache, die Redestörung als eine Störung der Koordination der gesamten kommunikativen Instrumente und als phänomenologische Erscheinung der Gesamtpersönlichkeit, sowohl auf der Sach- als auch auf der Beziehungsebene (*Watzlawick* 1969) verstanden werden. So werden das Kind, seine Art zu kommunizieren, seine Situation, seine Umwelt, seine Gefühle und die Störung in ihnen eingebettet, berücksichtigt und miteinbezogen.

Die Reflexion über die eigene Beziehungsrolle soll, wie gesagt, die Übungen begleiten. Dies wird im 2. Teil des Buches in den Handlungsprinzipien dargestellt, die dazu dienen, den kommunikativen Aspekt der Therapie besser zu verstehen und über das eigene Handeln vermehrt reflektieren zu lernen.

Es soll hier noch richtiggestellt werden: Die Methode hat nicht den Anspruch, eine Psychotherapie zu ersetzen oder allein der Gesamtproblematik des Kindes gerecht zu werden und die Störung auf jeden Fall zu heilen. Sondern sie versucht, trotz dem Wissen um die Beschränktheit und die Grenzen des eigenen Ansatzes eine Offenheit und ein Verständnis für die Gesamtsituation des Kindes zu erreichen. So sollen offene Türen für zusätzliche therapeutische und pädagogische Arbeit anderer Fachdisziplinen sowie für Elternarbeit geschaffen werden, die sich dann ergänzend nach Bedarf einsetzen lassen.

2. Praktischer Teil

2.1. Arbeitsprinzipien als Basis für den Aufbau der Kommunikations- und Sprachfähigkeit des Kindes

Es gibt in der Therapie mit Kindern, deren Ziel die Verbesserung der Kommunikationsfähigkeit ist, einige Verhaltensweisen und Einstellungen, die einer eingehenderen Reflexion bedürfen als eine Therapie, deren Ziel eine Verbesserung eines falsch artikulierten Lautes ist.

Da die Kommunikation auf mehr als einer Ebene verläuft – und zwar auf einer Sach- und einer Gefühlsebene (*Watzlawick* u.a., 1969) – und der Gegenstand der Therapie beide Ebenen beinhaltet, sollen beide Ebenen sorgfältig angeschaut werden.

Obwohl in den im Teil 2 vorgestellten Übungen sowohl die Sach- als auch die Gefühlsebene miteinbezogen werden, bedürfen der allgemeine Rahmen und die therapeutische Haltung eines besonderen Aufbaus, damit die Übungen ihre therapeutische Wirkung nicht verfehlen. Diese Haltung wird in den Einstellungsprinzipien vorgestellt, die es dem Therapeuten ermöglichen, seine Therapieart aus dem engeren Rahmen einer Übungstherapie in ein therapeutisch-pädagogisches Geschehen, in dem auch die Kommunikationsebene miteinbezogen wird, einmünden zu lassen. (Vergleiche auch *Katz-Bernstein*, 1986a). Dabei soll die Lektüre dieser Prinzipien nicht als Ausbildung in der differenzierteren, anspruchsvolleren Art der Therapie verstanden werden. Die Prinzipien sollen als Impulse verstanden werden, die durch Gespräche, Weiterbildung, Supervision und Erfahrung auf die eigene individuelle Art modifiziert, angeeignet werden können. Es handelt sich auch hier um meine eigenen individuellen Erfahrungen, um eine Kette eines lebendigen Prozesses und nicht um ein abgeschlossenes Rezeptbuch.

2.1.1. Therapie als Metapher und Übergangsraum

Die therapeutischen Massnahmen in der Logopädie/Sprachbehindertenpädagogik stehen im Schnittpunkt von Pädagogik und Psychotherapie (siehe auch Katz-Bernstein, 1983). Sie entlehnen ihr methodisches Vorgehen und ihre Zielorientierung von beiden Disziplinen.

Das therapeutische Setting stellt eine "künstliche" Sondermassnahme dar, die es erlaubt, einen Raum zu schaffen, wo vorhandene Potentiale unterstützt und gefördert, versäumte Lern-, Sozialisations- und Persönlichkeitsprozesse nachgeholt, Defizite kompensatorisch aufgehoben und Störungen in diesen Bereichen abgebaut und durch neue Strategien und Möglichkeiten ersetzt werden können.

Während die Pädagogik ein Kontinuum an Hinführen ins Leben darstellt, unterbricht dieser Sonderraum dieses Kontinuum, soll jedoch als Zielsetzung nie das Hinführen zum pädagogischen Kontinuum aus den Augen verlieren.

Anlehnend an *Winnicotts* Übergangsphänomene und Übergangsobjekte (1976) wollen wir das therapeutische Setting als eine Metapher des Übergangsraumes verstehen, in dem das Kind seine individuellen Möglichkeiten zur Bewältigung von Sozialisations- und Lernanforderungen erproben kann.

Die Übergangsobjekte beim Kleinkind stellen eine halb reale und durch verschiedene Rollenzuschreibungen halb imaginierte Welt dar. Diese erlaubt eine Experimentierfreiheit, die, anders als in der Realität, nicht die zum Teil gefährlichen, angstmachenden oder unangenehmen Konsequenzen zur Folge hat, und diese doch sichtbar und wahrnehmbar werden lässt.

Diese Metapher erlaubt uns, das therapeutische Setting mit Freiräumen auszugestalten, in denen temporär aufgehobene oder weitergesteckte soziale Regeln, neue Rituale und Verhaltensregeln und neue Lernrhythmen als Übergangsregelung erlaubt sind.

So verstanden bildet der therapeutische Übergangsraum eine temporäre neue Instanz für das Kind und für seine im pädagogischen Kontinuum befindlichen Angehörigen. Dieser neue Raum soll die Vermittlung zwischen Individualität und gelungener sozialer Anpassung ermöglichen.

Bei redeflussgestörten Kindern spiegelt die unflüssige Sprache die Störung der Balance zwischen Individualität und Sozialisation. An diesem Punkt soll unsere Therapie ansetzen, die sich als ein solcher Übergangsraum versteht.

2.1.2. Das Prinzip der Zielsetzung

In der traditionellen Sprachtherapie bzw. in der logopädischen Therapie schien die Zielsetzung, ähnlich wie in der Medizin, eine klare Sache zu sein: Das Symptom soll (weg-)therapiert werden.

Weniger einfach wird es, wenn man den heutigen Stand der Forschungen in der Entwicklungspsychologie, Soziologie, klinischen Psychologie, Pädagogik und Sonderpädagogik miteinbezieht. Diese weisen auf grössere Zusammenhänge, die zwischen Symptombildungen, Familie, Gesellschaft und Sozialstruktur bestehen, hin.

Erfassung und therapeutische Prozesse werden deswegen zu förderdiagnostischen Massnahmen zusammengelegt, die das Kind, die Störung oder Behinderung, eingebettet in die Familien- und Umweltbeziehungen und die Sozialisationsprozesse zu erfassen suchen und daher auch vermehrt auf interdisziplinäre Arbeit angewiesen sind.

In der Sprachbehindertenpädagogik hat *Grohnfeldt* (1982) nach *Kaminski* (1970) ein diagnostisches Verfahren entwickelt, das er eine "mehrdimensionale Förderdiagnostik im Sinne problemorientierter Strategie" nennt (s. Abb. 53 Seite 53).

Zu spezifischen Zielen bei Sprachunflüssigkeiten sollen noch einige Überlegungen angestellt werden:

Das Verständnis der "Arbeit am Symptom" hat hier als Ziel, vermuteten Defiziten und Störungen entgegenzuwirken, die zu Unflüssigkeiten führen, und es möchte neue flüssige Sprachmodelle automatisieren helfen; sein primäres Ziel ist nicht das "Wegtherapieren des Symptoms".

Das hat vor allem zwei Gründe:

- Der entwicklungspsychologische Stand des Kindes in Vorschul- und Primarschulstufe, das seine Erkenntnisse und Motivation weniger über Selbstreflexion und soziale Kontrolle gewinnt.

- Der Umstand, dass bisher die meisten Therapien über den bekannten Erfolgsgrad 1/3 bleibend nicht hinausgekommen sind. "Und was" – fragte ich mich immer wieder – "ist mit dem ungeheilten 1/3? Gibt es da keine Therapieziele?"

Dieses Konzept sollte ein sinnvolles Arbeitsfeld darstellen, auch bei Kindern, bei denen das Stottern – aus welchen Gründen auch immer – nicht wegzutherapieren war.

Die diagnostischen Hauptkriterien in dieser Art Arbeit werden zugleich auch die individuellen Zielachsen bestimmen, die wir als Arbeitsschwerpunkte wählen:

- die Arbeit an primären Störungen, wie Wahrnehmungs-, Koordinations- und motorische, kognitive oder affektive Defizite und Störungen, die die Redeflussstörung mitverursachen

- den Übergang vom konkreten Handeln zur sprachlichen Kompetenz sorgfältig aufbauen

- die Entwicklung von metakommunikativen Mitteln, die die Sprache begleiten, differenzieren und nuancieren

- die bereits vorhandenen, jedoch nicht ausgeprägten oder fehlenden Sprachstrukturen, -muster, -rhythmen und -rituale stärken oder neu erlernen.

Die konkreten Ziele dieser Therapie können darin bestehen,

- den Reichtum der Sprache neu erleben zu lassen, die Sprechfreudigkeit des Kindes zu fördern;
- flüssige Sprach- und Sprechstrukturen zu vermitteln;
- die sprachliche Mitteilungsfähigkeit des Kindes zu schulen, inklusive die nicht-verbale Mitteilungsebene;
- das Kind dazu zu bringen, eigene Gefühle und Regungen zu spüren, auszudrücken, zu formulieren und zu verbalisieren;
- die sprachliche Eigeninitiative zu fördern;
- angstbringende Situationen zu bewältigen.

Dabei stellt sich der Therapeut als Wegweiser, Impulsgeber, Grenzsetzer und vor allem als Kommunikationspartner zur Verfügung.

Die nachfolgenden Prinzipien sind solche, die während der Sprachtherapie auftauchende Dynamismen aufzeigen, die verstanden und reflektiert werden wollen, aber nicht Selbstzweck der Therapie werden dürfen. Denn das wäre eine Grenzüberschreitung der Fachkompetenz "Logopädie" oder einer Sprachtherapie.

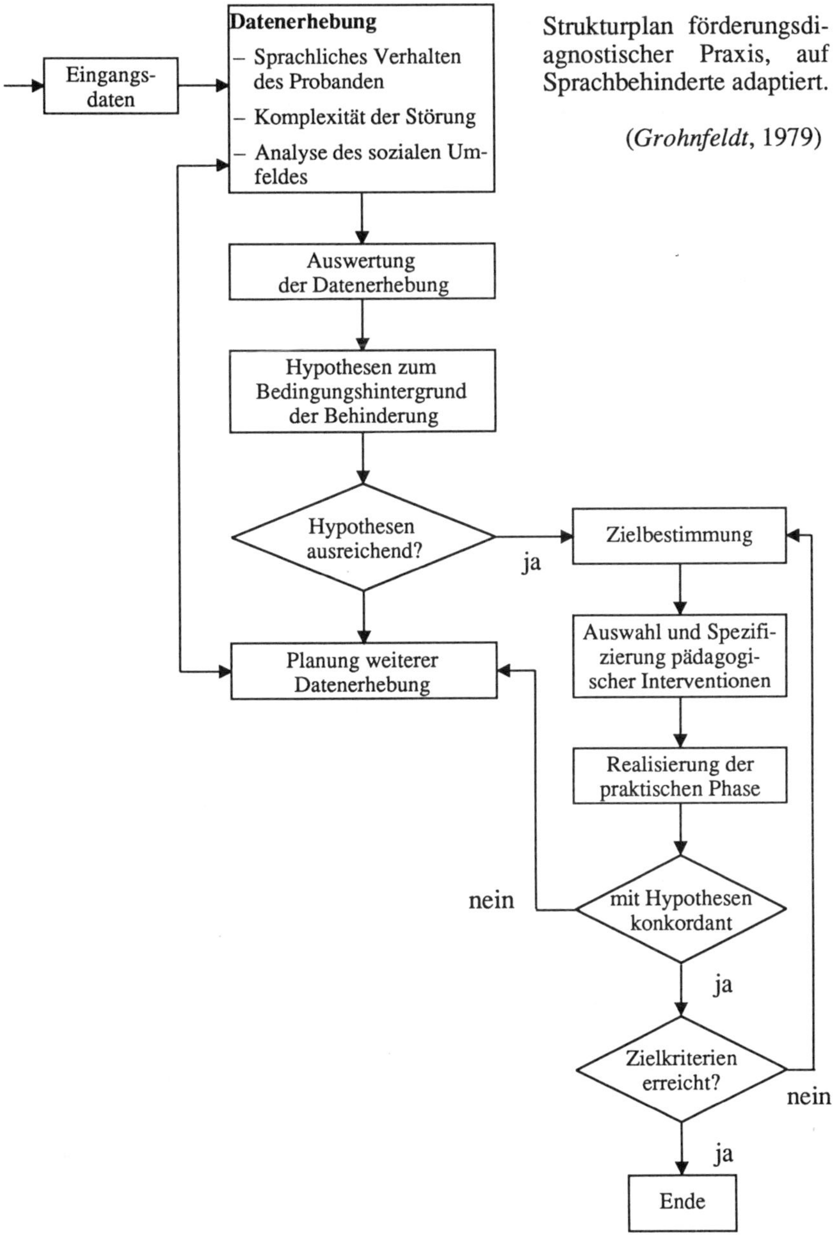

Strukturplan förderungsdiagnostischer Praxis, auf Sprachbehinderte adaptiert.

(*Grohnfeldt*, 1979)

2.1.3. Das Prinzip der äusseren Grenzen

Jeder Therapie sind äussere Grenzen gesetzt:

Die Zeit für die Planung und Durchführung einer Therapie sowie die Zeit, die zur Verfügung steht, bis ein neues Kind erscheint, bis die von uns vielleicht ersehnte Pause eintritt oder bis ein Elterngespräch oder eine Sitzung stattfindet, ist uns ebenso wichtig wie die Stunde selbst.

Der Raum, der sich in einer Schule, in einem angrenzenden Therapieraum, in einer Klinik oder in einem Wohnhaus befindet, wo sich noch weitere Leute aufhalten, welche verschiedene Ansprüche in bezug auf Lärm und Sauberkeit oder sogar an Gerüche stellen, die aus unserem Therapiezimmer dringen (ich denke da an einen Schüler, der mit Vorliebe Plastikbecher über einer Flamme geschmolzen hat). Auch gibt es *Mobiliar* im Zimmer, das uns lieb und teuer ist, welches nicht zerstört werden soll. Dann gibt es *Materialien*, bei denen wir aus *Sicherheitsgründen* Vorsicht walten lassen müssen, weil der Umgang mit ihnen viel Geschicklichkeit erfordert, um mir und dem Kind Freude zu bereiten, und andernfalls zuviel Schaden entstehen könnte (z.B. Wasser, Lehm, Sand, heisser Wachs, Malfarben, Schere, Hammer usw.).

Dann gibt es Grenzen, die uns von *Behörden, Eltern, Lehrern, dem Abwart*, oder gar von der *eigenen Familie und den Bezugspersonen* und deren Ansprüchen gesetzt werden.

Es wäre trügerisch, zu denken, dass das Wohl des Kindes über allem steht. Es ist dem Kind nicht gedient, wenn wir es Grenzen überschreiten lassen, deren Folgen wir zähneknirschend ausbaden müssen. Ob man will oder nicht – es stauen sich dann ungute Gefühle gegenüber dem Kind. Es könnte sein, dass man sich dessen lange nicht bewusst ist, bis man merkt, dass man aufatmet, wenn das Kind einmal fehlt. Spätestens dann wird es einem klar: Ich habe mich überfordert und dadurch auch das Kind.

Diese äusseren Grenzen müssen überlegt und berücksichtigt werden, damit wir uns wohl und sicher fühlen und dem Kind die Sicherheit und das Wohlbefinden vermitteln können, die für eine therapeutische Arbeit nötig sind. Auch geht es darum, sich selber, einschliesslich Fähigkeiten und Unfähigkeiten, Möglichkeiten und Grenzen ehrlich gegenüber zu stehen und ernst zu nehmen. Nur so sind wir fähig, die Bedürfnisse und Grenzen des anderen wahr- und ernst zu nehmen. Schliesslich geht es um eine Kette von Beziehungen: Die Umwelt und Realität einzubeziehen, heisst hier, ihnen Rechnung zu tragen. Wir sind lediglich ein (wichtiges) Bindeglied zwischen Kind und Umwelt; wir sind Vertreter der Realität für das Kind. Ein Kind möchte in die Realität eingeführt werden und nicht ein elitäres, von der Realität abgeschiedenes Individuum werden. Soll der therapeutische Raum den in 2.1.1. besprochenen "Übergangsraum" bilden, können wir nur solche Sonderregelungen vornehmen, die den äusseren, uns gesetzten Grenzen nicht verletzen. Ansonsten droht der Raum seine Funktion als "Vermittlungsraum" zu verlieren.

2.1.4. Das Prinzip der Zuverlässigkeit

Die Zuverlässigkeit ist die Grundlage aller Beziehungen (s. Abschnitt 1.1.2.1. über Urvertrauen).

Zuverlässigkeit heisst Ernstnehmen, heisst Achtung und Wertschätzung des andern. Ein Kind spürt, ob das Ernstnehmen ein Lippenbekenntnis ist oder nicht, indem es unser Handeln und Erinnerungsvermögen für das, was ihm wichtig ist, beobachtet, registriert und auf die Probe stellt.
Ein Aspekt der Zuverlässigkeit wird sein, das uns vertrauende Kind vergewissern zu können, dass wir fähig sind, Grenzen zu setzen und es und uns vor Destruktivität und Aggressionen zu schützen. Das Kind, bedingt durch seine Abhängigkeit, erwartet diese Fähigkeit von uns. Wird es enttäuscht, so generalisiert es diese Erfahrung der Unzuverlässigkeit auf seine Beziehungen zu anderen Erwachsenen und zur Welt. Ein Kind muss vor Fremd-, aber auch vor Eigenaggressionen geschützt werden, die es noch nicht handhaben kann und dadurch keine Verantwortung übernehmen kann (*Bettelheim* 1975).

Ein Kind muss ins Handeln und seine Folgen eingeführt werden. Da ich führe und das Kind das geführte ist, da ich den Weg kenne – muss ich die Verantwortung für die Gefahren und Tücken des Weges übernehmen. Um eine Verantwortung überhaupt übernehmen zu können, brauche ich einige Spiel- und Verhaltensbedingungen. Diese Privilegien kann und soll ich mir gönnen. Der therapeutische Auftrag dabei heisst aber: Jedes Mal, wenn ich dem Kind eine Verantwortung übergeben kann, trage ich zu seiner Reife und Selbständigkeit bei.

Wenn es zu früh geschah und das Kind versagt hat, so ist es nicht weiter schlimm. Ich kann sagen: "Ich habe gedacht, du könntest heute schon selber aufpassen, das war falsch von mir. Aber es ist nicht so schlimm. Für heute ist es halt nicht gelungen. Wir versuchen es das nächste Mal/morgen nochmals".

Ähnlich verhält es sich mit der berechtigten Erwartung des Kindes, es nicht in Loyalitätskonflikte mit seinen Eltern, anderen erziehenden Personen, Kultur und Religion zu bringen (siehe auch 2.1.12.).

Dies bedarf jedoch, da solche subtile Prozesse manchmal für den interagierenden Therapeuten schwer zu erfassen sind, inter- oder supervisorischer Begleitung seiner Arbeit mit dem Kind.

Ein anderer Aspekt der Zuverlässigkeit ensteht in der Arbeit mit dem Kind:

Wenn ich dem Kind beiläufig versprochen habe, einmal Eicheln und Tannzapfen zum Basteln mitzubringen, eine schärfere Schere zu besorgen oder das Meerschweinchen mitzubringen, oder wenn ich zugestimmt habe, dass wir einmal in den Wald gehen, gemeinsam einen Pudding kochen oder miteinander Zündkapseln jagen lassen, so werde ich für das Kind erst dann echt zuverlässig, wenn ich etwas auch dann in irgendeiner Form gelten lasse, wenn es sich um "Hirngespenste" handelt.

Wenn etwas für mich auch nicht möglich ist, so bin ich dennoch zuverlässig, wenn ich dem Kind erkläre: Weisst du, es ging nicht; oder: Ich habe es mir nochmals überlegt, es ist zu gefährlich; oder: Ich habe es für heute vergessen. Das Unzuverlässige daran wäre das Übersehen solcher Wünsche, oder sie in Vergessenheit geraten zu lassen.

Auch wenn ein Wunsch oder eine Phantasie nicht realisierbar ist, so höre ich dem Kind zunächst zu. Zunächst ist das Schwelgen in der Phantasie ein Mittel, sich mit unabänderlichen Realitäten zu versöhnen. Dann frage ich, ob und wie es sich die Verwirklichung vorstellt. Wir können zwar dem Kind keine Reise ins Disney-Land vermitteln, wir können aber seine Phantasien darüber anhören und vielleicht ein Buch oder Bilder darüber mitbringen. Und wir können uns immer wieder durch Rollenspiele in andere Realitäten begeben. Manche Kinder haben eine alternative Idee, einen Weg, in welche Lebens- und Ausdrucksfreude und viel positive Energie kanalisiert werden können, die sonst in unverwirklichten nicht ernstgenommenen Wünschen und Phantasien versanden.

2.1.5. Das Prinzip der Verschwiegenheit und Intimitätsgrenzen

Die Autonomie des Kindes vollzieht sich daurch, dass es Intimitätsgrenzen, die es mit seinen primären Beziehungspersonen hergestellt hat, zu sich zurücknimmt und sie auf weitere Beziehungspersonen überträgt. So schafft es sich Geheimnisse, eigene Welten und "Umweltausschnitte" (*Bronfenbrenner* 1980), zu denen die Eltern nur partiell einen Zugang haben. Für Eltern und Kinder ist es an sich ein gesunder Prozess, der dann in der Pubertät dem Kind ermöglicht, sich von den Eltern loszulösen und sich dem eigenen Leben zuzuwenden.

Oft erleben wir in der Therapie mit kleineren Kindern die ersten Schritte von Kind und Eltern in diese Richtung.

Darum betrachte ich es als wichtig, hat man sich für den Einzelsetting mit dem Kind entschieden, dem Kind die Verschwiegenheitsgrenzen des therapeutischen Settings zu signalisieren. Die Therapiesituation ist nun der Versuchsraum, der es ermöglicht, in einem neuen Kontext neue Beziehungsformen zu erleben und zu wagen.

Das, was in einer solchen Kommunikationssituation geschieht, ist ein unwiederholbares Erlebnis für uns beide. Vielleicht hat das Kind in der Stunde etwas gewagt: herumzubefehlen, auszurufen, den Boden mit Farbe zu beflecken, oder ähnliches, was es zunächst wieder vergessen oder ungeschehen haben möchte. Das wollen wir ihm ermöglichen.

Prinzipiell sage ich dem Kind, oder drücke dies durch meine Haltung aus: "Was du da machst, weiss keiner, wenn du willst, kann es unser Geheimnis bleiben". Wenn es mich zu einer Malerei oder Bastelei eines anderen Kindes befragt: "Wer hat das gemacht?", so sage ich: "Ich muss dieses Kind fragen, ob es wünscht, dass ich dir seinen Namen nenne". Ebenso gehört es zu meiner Zuverlässigkeit, das andere Kind tatsächlich zu fragen. Manches Kind ist überrascht über so viel Ernstnehmen und Verschwiegenheit. Man spürt jedoch, wie beide Kinder, der Bastler und der Fragende von einer solchen Episode in ihrem Selbstbewusstsein genährt werden.

Andererseits ist es wichtig, die Entwicklung des Kindes, die es in der Therapie macht, zu seinen natürlichen Systembezügen zurückfliessen zu lassen. Dies würde heissen, dass wir ein Weg der "selektiven Offenheit" (*Petzold* 1980) finden müssen, um Verständnis und Offenheit bei den Eltern und Lehrern für neue Entwicklungsschritte des Kindes zu ermöglichen. Damit haben wir zugleich systemisch orientierte Arbeit geleistet dadurch, dass die neuen Entwicklungen das Gesamtsystem zu Veränderungen drängt, um ein neues Gleichgewicht zu finden.

Wir werden also immer wieder, von Fall zu Fall und je nach Phase, uns neu entscheiden müssen, wo wir uns welchen Verschwiegenheitsgrenzen verpflichtet fühlen und welche therapeutischen Ziele wir damit verfolgen.

2.1.6. Das Prinzip von Distanz und Nähe

Wieviel Distanz, wieviel Nähe erträgt ein Kind? Die Grösse des leeren Raumes, den man um sich braucht, um sich wohl zu fühlen, variiert von Mensch zu Mensch, von Situation zu Situation.

Oft wirkt ein Mensch aufdringlich oder arrogant-distanziert auf sein Gegenüber, nur weil die Bedürfnisse von Nähe und Distanz der beiden verschieden sind.

Ein Kind braucht Nähe, um sich geborgen, wohl und geschützt zu fühlen. Aber auch Distanz, um sich in seiner Intimsphäre nicht bedroht fühlen zu müssen.

Eine Nähe kann physisch sein: Wie dicht an mich heran möchte ein Kind sitzen? Möchte es berührt werden? Ist ihm vielleicht schon der Händedruck beim Grüssen und Verabschieden lästig? Oft nimmt man als selbstverständlich an, dass Kinder Berührungen, Umarmungen und Liebkosungen brauchen und lieben. Dem ist oft so, wenn ein Kind offen ist und sich ohnehin an Zärtlichkeiten gewöhnt ist und diese unbeschwert annehmen kann, weil es sich zutraut, sich auch abgrenzen zu können. Nicht selten ist es aber so, dass Zärtlichkeit für das Kind mit Bedingungen, mit Ängsten oder mit "doppelten Botschaften" ("double-binds") verbunden sind. Dann kommt die Gegenfrage, die genauso wichtig ist: Wie stehe ich zur physischen Nähe als Erwachsener, und wie war es für mich als Kind? Eine andere wichtige Überlegung ist: Wie steht die Familie des Kindes zur physischen Nähe? Eine Mutter, der es selber schwerfällt, ihr Kind von Herzen zu umarmen, kann es schwerlich ertragen, wenn ihr Kind von der Therapeutin umarmt wird. Nie kann oder soll eine Therapeutin "die bessere Mutter" für das Kind werden. Daher soll die physische Nähe zum Kind gut überlegt sein (siehe auch 1.3.2.3.).

Es gibt auch eine verbale Nähe: Man kann vom Kind Intimes erfragen, oder über eigene Gefühle erzählen, in der Meinung, es damit zum Partner gemacht, es ernst genommen zu haben. Man kann auch Handlungen interpretieren, in der Meinung, therapeutisch gehandelt zu haben. Manchmal ist solches Verhalten auch richtig, oft aber überflüssig und aufdringlich.

Zur Kontrolle der Nähe und Distanz ist *die Beziehungsebene* wichtiger als die verbale oder Handlungsebene. Sie gibt uns die Möglichkeit der Kontrolle: Wie steht es eigentlich zwischen mir und dem Kind? Wie sicher und nah fühlt sich das Kind bei mir? Und wie nah steht mir das Kind? Diese Ebene kann auch ohne verbal oder physisch dokumentierte Äusserungen auskommen – aber nicht umgekehrt. Jede physische oder verbale Äusserung der Nähe sollte durch die Beziehungsebene eine volle "Deckung" haben, sonst läuft man Gefahr, double-bind-Botschaften zu vermitteln.

Einige Spielregeln können uns Logopäden/Sprachtherapeuten dabei helfen:

– Die Nähe muss nicht direkt und physisch ausgedrückt werden. Die Übungen, das Symbol (Kasperle) oder das Rollenspiel geben mir eine ungefährliche Ebene, Gefühle und Grenzen zu erfühlen und zu vermitteln.

  Z.B. kann physische Nähe durch eine Grossmutter-Kasperlefigur, die den Kasperle umarmt, gespielt werden, genauso wie Aggressionen durch den Kasperle geäussert werden können, der die Hexe und den Teufel schlägt.

– Es braucht (und da sind sich Kindertherapeuten verschiedener Richtungen einig) nichts interpretiert zu werden. Auch das symbolhaft Dargestellte an sich ist eine heilsame Handlung (*Zulliger* 1963). Wenn das Kind also einen Bären nimmt, ihn fesselt und beschimpft, so ist es nicht nötig, "aha, das ist sicher der Vater/Bruder/Onkel" zu sagen. Das Kind weiss schon, wenn auch nicht bewusst, mit wem oder was und warum es das tut.

Interpretationen sind meistens komplexer, als man meint, um zutreffend zu sein, und nützen wenig. Ich kann als Grenzsetzer, Spielregeln-Hüter, Zuschauer, anteilnehmender Beobachter oder Mitspieler dabei sein, und so habe ich dem Kind enorm viel an Nähe und Beziehung gegeben.

- Nähe kann ich anbieten und ertasten. Noch besser ist es, den Impuls beim Kind abzuwarten und ihm vorsichtig zu folgen.

- Auch ein feindseliges Verhalten des Kindes ist eine Kommunikatonsform. Sie bedeutet: "Ich bin nicht fähig, alleine Nähe zu ertragen, oder gar zu erwidern; sie ist für mich bedrohlich" – dies zu bedenken, erleichtert es mir, eine auftauchende Ablehnung nicht gegen mich persönlich zu interpretieren.

- Nähe und Distanz in der Beziehung zwischen zwei Menschen sind fliessend und dynamisch. Eine Beziehung braucht, wenn sie richtig sein soll, eine ständige, gegenseitige Neuorientierung und Korrektur, je nach der jeweiligen Situation. Die Ambivalenz in der Beziehung trägt zur Regulierung der eigenen "Ich-Grenzen" bei. Je besser eine Beziehung, um so grösser die Palette der Gefühle und Situationen, die die Partner miteinander erfahren dürfen. Also gehören zu jeder Beziehung auch Fehler, Frustrationen, Gefühle der Ohnmacht und des Versagens. Wichtig ist die Arbeit, zu welcher diese Gefühle führen: seine Ich-Grenzen auszudehnen, um zu wachsen und zu reifen.

- Die Arbeit und die Reflexion über Distanz und Nähe bedarf oft einer Hilfe von aussen: Kollegen, mit denen man sprechen kann, eine Feedback-Gruppe, Supervision. (Siehe 2.1.13.).

2.1.7. Das Prinzip der strukturierten und der freien Therapiegestaltung

Immer wieder taucht die Frage auf: Wie stark bin ich an mein Therapiekonzept gebunden, wie gross soll die gewährende Freiheit sein, das Kind die Therapie selber gestalten zu lassen?

Wie so oft in der Therapie mit Kindern ist die Antwort komplexer, als sie vorerst scheint.

Zunächst müsste ich bei mir ansetzen und mich fragen, ob ich eher zur Überstrukturierung neige und damit dem Kind zu wenig Platz für eigene Impulse lasse, oder ob ich eher dem Kind zu viel Freiheit lasse, mich dadurch überfordere und dem Kind zu wenig Orientierungsgrenzen biete.

Danach soll uns die indikatorische Frage beschäftigen: Was braucht dieses Kind? Ist es ein Kind, das eher lernen müsste, mit Freiräumen umzugehen, oder braucht es eher Strukturen?

Ich verstehe jede pädagogisch-therapeutische Massnahme mit Kindern als einen Mittelweg zwischen den beiden Polen: Ich habe ein Menschenbild und ein Konzept, die mir dazu verhelfen, meine pädagogisch-therapeutischen Ziele immer wieder von neuem zu definieren (siehe auch 2.1.2.).

Wichtig scheint mir der Prozess der Wechselwirkung zwischen eigenen Plänen und den Impulsen, die das Kind als Antwort für eine Therapiesequenz aufnimmt und die es daraufhin zurücksendet. Wie bei einem Dialog kann eine gemeinsame Erfahrung dann gemacht werden, wenn ich einem Dialogpartner einen Impuls von mir anbiete und es loslasse, um zu sehen, was er damit macht. Durch ihn wird der Impuls verwandelt, worauf ich mich auf den verwandelten Impuls beziehe, usw. Ein solcher Therapie-Dialog ist nie ganz planbar und voraussagbar, wird jedoch durch das innere und therapeutische Menschenbild und therapeutische Ziele eine Hinführung zu diesen Fernzielen erfahren. Die verinnerlichten Ziele werden den therapeutischen Weg bestimmen, den *Weg* jedoch nicht im voraus festlegen. Dies ist die prinzipielle Haltung.

Haben wir ein stotterndes Kind vor uns, dass eher dazu neigt, sich anzupassen, keine eigenen Bedürfnisse anzumelden weiss und keine Eigeninitiative zeigt, müssen wir Entscheidungshilfen bieten, um dem Kind zur eigenen Handlungsfähigkeit zu verhelfen, zur Fähigkeit, Raum und Zeit für eigene Bedürfnisse und Selbstdarstellung zu nützen. Wir müssen jeden kleinsten Impuls, der vom Kind kommt, verstärken und Raum geben. Da ist es klar, dass unser Therapiekonzept sich diesem Ziel anpassen müsste.

Anders verhält es sich bei stotternden oder noch häufiger bei polternden Kindern, wo die Fähigkeit, sich innerhalb von Strukturen und Grenzen zu bewegen, unausbebildet ist, oder auch wo eigene verinnerlichte Strukturen fehlen. Da sind feste, deutliche, ritualisierte Strukturmuster angesagt, ein Lernprozess der Verbindlichkeit und des Durchhaltevermögens. Andererseits scheint es mir gerade bei solchen Kindern wichtig, festgelegte Freiräume zu schaffen, wo sie "Wildpärke mit Zaun" pflegen können, wo sie ihren vorhandenen Phantasiereichtum, der eine Strukturarmut oft begleitet, weiterpflegen dürfen als kreative, bereichernde Kraft (vgl. *Katz-Bernstein* 1986).

2.1.8. Das Prinzip vom Konkreten zum Sprachlichen

Oft vergessen wir, dass Sprache an sich eine Abstraktion einer Erfahrung des eigenen Körpers in Raum und Zeit ist. Der Blickwinkel des Erwachsenen, wendig in seiner Sprachfähigkeit, damit hochspezialisierte und differenzierte Handlungen vollziehend, lässt oft den Ursprung vergessen.

Gerade Kinder mit Redeflussstörungen sollten den Verdacht bei uns wecken, zu schnell in die abstrakte, differenzierte Sprache gesprungen zu sein, zu wenig sich Zeit gelassen zu haben für den Übergang, von konkreter Körper-Raum-Zeit-Erfahrung allmählich zur Sprache zu kommen. Der Weg der ordnenden Verinnerlichung von Geschehnissen und Handlungen, die innere Strukturen von Erkenntnissen schafft, die nun mittels der ordnenden Funktion der Sprache mitteilbar werden, konnte nicht störungsfrei angebahnt werden. Denn es bedarf immer Strukturen und gemeinsamer Formen, sollen die inneren Welten nach aussen vermittelt werden.

Der Körper hat oft ursprünglichere und differenziertere Erinnerungs- und Wissensqualitäten als unsere Gedanken.

- Für das Ausmass und die Abstufungen an Liebe, Hass, Zorn, Ekel, Anziehung, Ruhe und Unruhe usw. haben wir kaum Worte zur Verfügung. Unser Körper jedoch kann das Ausmass präzise spüren.

- "Ich habe dich so gerne" sagt ein Kind und breitet seine Arme entsprehend seinen Gefühlen aus.

Daher gilt es für mich bei Unflüssigkeiten stets zu versuchen, durch Handlung, Spiel, Imagination und andere konkretisierende Mittel zunächst den Grundstein zu legen, auf dessen Basis dann die Sprache aufgebaut wird.

Will ich, dass das Kind eine Handlung nachzuerzählen lernt, ohne sich zu überfordern, lasse ich es zunächst die Gegenstände der Handlung "herzaubern" (wir konstruieren mittels Sprache immer imaginäre Wirklichkeiten, die wir dann wiederum mittels Sprache verändern und verwandeln), ich lasse es imaginäre Handlungen damit vollziehen, um mir danach zu berichten, was es getan hat. Will ich, dass das Kind sich korrekt mitzuteilen lernt, biete ich ihm Sprachstrukturen, die ich im Raum visualisiere und durch einen Bewegungsrhythmus zu verinnerlichen suche. Dadurch wirke ich Unflüssigkeiten und Unfertigkeiten der Sprache entgegen. Durch diese zunächst "sinnlich" aufgebaute Sprache ergänze ich Defizite der Sprachentwicklung und korrigiere und verdränge womöglich Fehlentwicklungen.

2.1.9. Das Prinzip der Metakommunikation und der Schweigsamkeit

Die menschliche Kommunikation geschieht auf zwei Ebenen: Inhalts- und Beziehungsebene (*Watzlawick* 1980).

Die Inhaltsebene ist die, die Informationen aus oder für eine Handlung vermittelt, die Bedingungen umreisst, Probleme aufzeigt, Wissen vermittelt usw. Die Beziehungsebene macht mehr, als nur die Beziehung zwischen Sprecher und Hörer zu definieren und zu regulieren. Sie differenziert, nuanciert, relativiert und pointiert über das hinaus, was die blosse Sprache als kommunikatives Mittel an sich vermag.

Meine These ist, dass manche stotternde Kinder diese Ebene zugunsten der gesprochenen Sprache verkümmern liessen. In der Wahrnehmung dieser Kinder müssen die Vorgänge der gesprochenen Sprache als Kommunikationsstrategie an sich genügen und werden dadurch überfrachtet. Sie erwarten von diesen – wenn sie sie nur perfekt genug beherrschen würden –, dass sie alle Regungen, Ideen und Nuancierungen auszudrücken vermögen.

Hinter den Aussagen der Mütter "er denkt schneller, als er spricht", "wenn er aufgeregt ist, will er alles erzählen und dann stottert er", ist ein solcher Mechanismus zu vermuten. Mancher Ausdruck der Ambivalenz, der Wut, von Distanzierungs- oder Nähewünschen, körperlich, stimmlich und gestisch ausgedrückt, wieder als Bewegung und Körperausdruck zurückgewonnen, entlasten die Sprache und schieben Ausdrucksebenen zurecht, die vorher unausgeglichen waren.

Die Übungen und Tabellen in diesem Buch zielen auf den Aufbau dieser Ebene, zunächst nicht verbal und nach und nach als parallele Ebene zu sprachlichen Äusserungen, zunächst bei einfachen, eindeutigeren Aussagen und nach und nach bei komplexeren.

Im spontanen therapeutischen Umgang scheint es mir wichtig, dass wir auf diese Ebene bewusster achten, denn: Was nützen mir Übungen, die dann nicht in alltäglichen Kommunikationsmuster münden?

Oft sind nicht lange verbale Erklärungen zur Befindlichkeit und Einführung von Handlungs- und Beziehungsregeln wichtig – wie es lange Zeit in Pädagogik und Therapie Mode war, wo Kindern verbal als kleinen Erwachsenen begegnet wurde –, sondern die Betonung von Gesten und Körpersignalen zur Regulierung der Beziehung und als Einführung von Handlungsregeln. Das "Zerreden" und die langen Erklärungen bergen die Gefahr in sich, dass der Anspruch der Versprachlichung beim Kind hoch bleibt und unterstützen seine Tendenz, die Sprache zu überfrachten.

Eine andere Überlegung soll hier kurz erwähnt werden: Wenn wir die Dimension der Selbständigkeit und Identitätsbildung miteinbeziehen, so scheint das stotternde Kind ein solches zu sein, das der Differenz zwischen Ich und Du, die Eigenständigkeit, die beinhaltet, dass es nicht immer konform mit der Beziehungsperson ist, nicht gut auszuhalten vermag.

Ein Ertragen ein solchen Dissenz beinhaltet, dass es Geheimnisse haben kann,

Welten und Orte, die es nicht selbstverständlich und jedem mitteilt. Ein Reifeschritt, der Kinder im Kindergartenalter fähig macht, sich von den Eltern partiell zu lösen und sich neuen sozialen Gruppen anzuschliessen.

Das therapeutische Signal "nicht alles muss und soll mitgeteilt werden" scheint mir bei stotternden Kindern wichtig, wenn ich an die ewig sich mitteilenden, vor sich plappernden stotternden und nicht stotternden Kinder denke, die der Meinung sind, schweigend würden sie den Kontakt verlieren, wie ein Kind am Rockzipfel der Mutter ...

Die Angst soll einerseits ernstgenommen werden, andererseits aber sollen Arten der Kommunikation eingeübt werden, die Distanz, Schweigsamkeit, Abrenzung und die Erfahrung beinhalten, dass diese nicht zu Kommunikationsabbruch und Liebesentzug führen.

Das Schweigen oder die Stille ist ja ein Vorgang, wo innere Bewegung stattfindet und wahrgenommen wird, wo Aktionen zu Reflexionen werden, wo ein "inneres Sprechen" stattfindet, wo die Sprache selbstreferenziell zur Organisation meiner inneren Regungen und Bedürfnisse dient und zur eigenen Warhnehmung.

2.1.10. Das Prinzip des Humors in der Sprachtherapie

Die Sprache ist etwas Relatives. Obwohl sie Distanz, Refexion und gewisse Objektivität zur Handlung verschafft, bleibt sie immer subjektiv und kann niemals vollständig und absolut innere Gedanken und Bilder wiedergeben. Dieser Umstand leitet Kinder oft dazu, in sprachliche Ohnmacht zu fallen, sich in manchen Situationen mutistisch zu verhalten oder Sprechsituationen auszuweichen.

Wer verstanden werden will, muss das Risiko eingehen, auch manchmal nicht verstanden zu werden, und dies bedarf eines gewissen Niveaus von Frustrationstoleranz. Viele redeflussgestörte Kinder drücken durch ein ständiges Kommentieren und Sprechen ihre Trennungsangst aus.

Die primäre Fähigkeit, an inneren Bildern festzuhalten, wenn die erste Beziehungsperson nicht konkret anwesend ist, bis zu ihrem Wiedererscheinen, bildet nicht nur die ersten Objektrepräsentanzen und damit eine kognitive Leistung (*Piaget* 1973), sondern bildet auch, nach dem "Überleben der Trennungsgefahr" (nach *Winnicott* 1989) die erste Quelle für Lust, Humor und Spiel. Das erste Versteck-Spiel des Kleinkindes zeugt davon (*Bruner* 1987). So bildet sich allmählich eine Frustrationstoleranz und die Fähigkeit, autonom zu handeln.

In den frühen Phasen des Spracherwerbs erzeugt eine intendierte falsche Benennung von Gegenständen oder deren Attributen ein vergnügtes Lachen, was den Übergang von der konkreten Handlungsebene zur sprachlichen erleichtert und zur Festigung von Sprachstrukturen dient (vgl. *Zollinger* 1988).

Noch später vergnügen sich die Kinder mit Übertreibungen, "Lügen", "Überlisten", sprachlichen Kraftwörtern und Doppelbödigkeiten und üben dabei die Relativität der Sprache und ihre eigene Frustrationstoleranz. Auch kann die Wahrnehmung der manipulatorischen Kraft der Sprache ("Sprache als Zauberkraft") Lust und Kreativität erzeugen (vgl. *Katz-Bernstein* 1990).

Diese wichtigen Sprachfunktionen dienen der Bildung von Beweglichkeit und Reversibilitätsfähigkeit im Erwerb von kognitiven und sprachlichen Kompetenzen. Diese wiederum sind Bausteine für Lernfähigkeit und Kreativität. Auch bildet der Humor eine "seelenhygienische Ebene", sowohl für Erwachsene wie auch für Kinder, eine Ebene, die affektives Lernen und Aushalten erlaubt.

Oft bleiben diese Fähigkeiten von Pädagogen und Therapeuten unbeachtet und werden als Lernziele nicht anerkannt.

In diesem Konzept zur Behandlung von Redeflussstörungen sind solche humorvollen Sprachspiele als bewusstes Lernziel miteinbezogen: "Verstecken", "Lügen", "Übertreiben" und "Zaubern" werden eingeübt und durch Rollenspiele ergänzt und ausgebaut.

Beispiel:

Bruno:	Ich bin ein Krokodil mit einem Mund so gross wie der Tisch
Therapeutin:	nein, wie das ganze Zimmer
Bruno:	nein, von da bis Amerika
Therapeutin:	von da bis zur Sonne ...
Bruno:	von der bis zum lieben Gott ...
	Der "liebe Gott" (Therapeutin) lässt köstliche Speisen in den Mund des Krokodils regnen. Die Speisen werden benannt und ihre köstliche und erbauliche Eigenschaften aufgezählt. Das Krokodil frisst sie, genau zuhörend, begierig auf, um danach nach eigenen Speisen zu verlagen, mit übertriebenen, phantasievollen, humorvollen Eigenschaften und Zubereitungsarten ...

2.1.11. Das Prinzip der Haltung gegenüber der Eltern

Die Eltern haben das Werden des Kindes von Anfang an miterlebt. Sie haben es als hilflosen Säugling erlebt und durch die Wachstumsperioden des Kleinkindes begleitet. Die Beziehung ist vielschichtig und hat bereits geschichtliche Qualitäten zum Zeitpunkt der Bekanntschaft mit dem Sprachtherapeuten/Logopäden. Auch wenn die Beziehung belastet oder negativ erscheint – eine starke Beziehung ist sie auf jeden Fall.

Der eigene Platz und die eigene Wichtigkeit als Therapeut im Leben des Kindes sollen bedacht werden: Auch die beste Therapie ist bloss ein Stück korrektives Erleben, das dem Kind helfen soll, seinen Alltag besser zu bewältigen, und ersetzt nicht den Alltag selber. Es ist vielleicht ernüchternd, dies einzusehen, denn es ist oft schwer, seinen Platz als Therapeut richtig einzustufen: ihn weder über- noch unterzubewerten. Oft möchte man das bessere Angebot am Erwachsenenmodell bieten, man möchte vom Kind geliebt und bewundert werden, denn das ist der direkte Lohn in der Beziehung zu einem Kind. Heimlich möchte man manchmal auch der bessere Vater, die bessere Mutter oder der bessere Lehrer sein.

Diese Haltung dem Kind gegenüber ist verständlich und menschlich, muss jedoch die Beziehung in eine Sackgasse führen. Denn die Erwartungen an sich und an das Kind sind überfordernd und müssen zu Enttäuschungen allerseits und zum Vertrauensbruch mit den Eltern oder dem Lehrer führen.

Denn als Therapeut ist man ein Mitgestalter des kindlichen Erlebens, und man muss sich in ein grösseres System, das den Alltag des Kindes darstellt, einfügen.

Einfacher ist es, sich vorzustellen, dass man eine neue alternative Erwachsenen-Figur für das Kind sein kann, ein Erlebnis neben vielen anderen, bei welcher es Erfahrungen sammelt, sein Verhalten ausrichtet, mit welcher es sich auseinandersetzt und dabei lernt und reifer wird. Diese neuen Erfahrungen sollen vereinbar sein mit dem Gesamtkontext der Lebenswelt des Kindes. Sonst läuft man Gefahr, das Kind in einen Loyalitätskonflikt zu bringen.

Früher hat das Kind in einer grösseren Familiengemeinschaft sich die Beziehungselemente geholt, die es zum Ausgleich brauchte. Eine gutherzige Tante, ein strenger, Ehrfurcht gebietender Grossvater, ein abenteuerlicher Onkel, eine kindlich-romantische Cousine und ein protzig pubertierender Grosscousin sind reiche Alternativen, um verschiedene Seiten an sich selber und an anderen kennenzulernen. Im Gegensatz zu Alternativ-Figuren bilden Eltern die Beziehungspersonen, denen sich das Kind (und der Sprachtherapeut/Logopäde) nicht entziehen kann. Es wird lernen, wenn die erzieherische Arbeit Erfolg haben wird, sich mit der Palette der Eigenschaften und Verhaltensweisen der Eltern auseinanderzusetzen.

Eine "Verführung" des Kindes dadurch, dass man "das bessere Angebot" darstellt, muss schon aus quantitativen Gründen scheitern.

Eltern und Kind sind eine Lebensgemeinschaft, die eng zusammenhängt. Das Kind annehmen und akzeptieren heisst auch, seine Eltern zu akzeptieren. Als Therapeut bildet man eine Öffnung in ein mehr oder weniger geschlossenes System, durch welche neue, belebende, korrektive Impulse fliessen können.

2.1.12. Das Prinzip der Umwelt und Kultur des Kindes

Die Eltern bilden ein mit Grenzen und Regeln versehenes System. Andererseits bilden sie wiederum ein Sub-System, das in ein grösseres System eingebettet ist (Schicht-, Religions-, Volksangehörigkeit). Dieses grössere System ist wiederum Regeln und Gesetzen unterworfen, die es regulieren helfen. Auch dort ist die Familie nicht eine Einheit, die angereiht neben vielen anderen plaziert ist, sondern sie ist in ein einzigartiges Beziehungssystem innerhalb einer grösseren Gemeinschaft verwickelt und hat darin einen für sie spezifischen Platz.

Um den Gedanken bildhaft zu machen: Eine türkische Familie hat für uns nach aussen typische Merkmale. Und doch bildet jede türkische Familie eine sehr individuelle Einheit.
Genauso verhält es sich mit Familien der Zeugen Jehovas, einer jüdischen Familie, einer Schausteller-Familie oder einer Manager-Familie. Die Verführung ist gross, vorschnell Vorurteile zu bilden.

Grundsätzlich ist es dennoch wichtig, der Kultur der Familie Verständnis entgegenzubringen: Man kann sich durch einen streng muselmanischen oder streng orthodoxen jüdischen Vater, der trotz mehrmaliger Aufforderung durch die Sprachtherapeutin/Logopädin nie zu einem Gespräch über seine Tochter erscheint und dessen Frau immer neue Ausreden für sein Nichterscheinen hat, verletzt oder wütend fühlen. Es kann aber auch mit seinem Glaubensgesetz zusammenhängen, das ihn Gespräche mit fremden Frauen als entwürdigend oder als möglichst zu vermeiden erleben lässt. Beim gleichen Vater können aber auch ganz andere Gründe für sein Nichterscheinen vorliegen.

Ein Glaube, eine Kultur oder eine Anschauung, die man nicht kennt und nicht versteht, und die unvereinbar mit eigenen Prinzipien sind, machen Angst oder werden oft mit innerlichem Kopfschütteln registriert. Ein Kopfschütteln jeglicher Art bedeutet: Das kann ich nicht annehmen. Nicht annehmen heisst: ausser sich lassen, nicht näher betrachten und nicht an sich herankommen lassen. Manchmal wird ein solches Verhalten als Schutz gebraucht.

Vielleicht wird "das Prinzip der Alternativen" auch hier weiterhelfen. Jede Gemeinschaft bildet eine Lebensalternative, die ihren Sinn hat oder hatte, wie auch die unsrige.

Meine eigenen persönlichen Erfahrungen mit drei verschiedenen Kulturen lehrten mich, dass jede Kultur Schönheiten und Hässlichkeiten besitzt. Sie hat mich auch gelehrt, eine innere Achtung vor dem Reichtum an kreativen Alternativen zu empfinden, die menschliche Gruppen als Lebens- und Überlebensgemeinschaft gestaltet haben, und die alle eine innere und geschichtliche Logik besitzen und ein zusammenhängendes System darstellen, analog zum System, in dem man selber aufwächst.

2.1.13. Das Prinzip der Supervision oder der Fallbesprechungsgruppe, oder die Arbeit in einem Team

Die Arbeit mit dem redeflussgestörten Kind bringt Verunsicherung mit sich.

Es ist einfacher, eine symptom-orientierte Methode anzuwenden und diese konsequent durchzuführen. Die Erfolgskriterien sind enger und messbarer. Diese Methoden haben durchaus ihre Vorteile und ihre Berechtigung, wenn sie individuell, dem Therapeuten und dem Kind angemessen sind.

Die hier vorgestellte Methode ist auf psychotherapeutische und kommunikative Erkenntnisse aufgebaut, schöpft jedoch ihre Inhalte aus der Sprache selbst und dient gezielt dem Aufbau der Sprach- und Kommunikationsfähigkeit des Kindes (siehe 2.1.1.)

Auch für einen erfahrenen Therapeuten ist es äusserst schwierig, kommunikative Prozesse ohne Feed-Back zu verstehen und einzuordnen. So soll er sich durch Mitteilung und Aussprache Klarheit verschaffen. Bei der Klärung geht es um folgende und ähnliche Fragestellungen:

Was geschieht eigentlich beim Kind? Wo steht es? Was hat die Therapie bei ihm bewirkt? Warum blockiert es sich dabei? Wie weit kann ich mit den Übungen gehen?

Auch die Fragen der Kompetenzbereiche sind manchmal nur "durch einen kommunikativen Austausch" zu klären, denn oft tauchen Unsicherheiten bei der Ausführung der Übungen auf, wie z.B.:

Sind die Themen, die ich dem Kind bei den Reihensatzübungen suggerierte, nicht zu heikel? Wo liegen die Grenzen, wenn sich ein Kind aggressiv verhält? Wie weit soll ich auf die Impulse des Kindes eingehen und wie weit bei meiner Lektion bleiben?

Die Kompetenzfrage taucht auch vermehrt bei der Elternarbeit auf (siehe auch 1.3.2.3.) und kann durch den Austausch in einer fachlich begleiteten Gruppe oder in der Einzelsupervision geklärt werden.

Oft bringen ein neues Kind oder eine neue Therapiephase Unsicherheiten mit sich:

Kann ich mir die Problematik dieses Kindes zutrauen? Komme ich in dieser oder jener Phase an die Grenzen der therapeutischen Mittel, die mir als Sprachtherapeut/Logopäde zur Verfügung stehen? Soll das Kind überwiesen oder für eine zusätzliche Therapie angemeldet werden?

Wenn ich in diesem Buch den Anspruch erhebe, das Problem des Stotterns differenzierter und komplexer anzugehen, so kann ich kaum den Anspruch stellen, ein Sprachtherapeut/Logopäde soll ständig den richtigen Überblick behalten können, immer seine Grenzen und Möglichkeiten kennen und danach handeln, ohne dabei eine Hilfe zu benötigen.

Diese Methode erhebt somit den Anspruch, an sich, an der eigenen Kommunikationsfähigkeit und an den therapeutischen Mitteln weiterzuarbeiten und über sie fortwährend zu reflektieren.

Wir wollen in der Therapie ein Bindeglied zwischen Kind und Realität werden. Das Kind orientiert sich durch die Auseinandersetzung mit uns über seine eigene Realität. Dieser Prozess soll bei uns weitergehen – auch wir brauchen eine Orientierung über den Stand der Therapiearbeit. Diese Klärung können wir uns dann verschaffen, wenn wir uns mit weiteren fachlichen Realitäten auseinandersetzen. Dies kann dann geschehen, wenn man sich einer Fallbesprechungsgruppe anschliesst oder einer Supervision unterzieht, oder wenn man den Vorteil hat, einem Team anzugehören, bei dem Fallbesprechungen einen Teil der Therapie bilden.

Um Unsicherheiten, die bei der Ausführung der Übungen auftauchen, zu veranschaulichen, habe ich im Anhang einen Leserbrief (mit meiner Antwort) zitiert, der von Praktikanten an mich gerichtet wurde (siehe Anhang 3.4.).

2.2. Der sprachtherapeutische Übungsteil

2.2.1. Ziele der sprachtherapeutischen Übungen

1. Entspannung und positive Sprachdisposition zu erlangen ohne bewusste Entspannungstechniken (vgl. *Fiedler* und *Standop*, 1986, 217)

2. Schulung der primären kommunikativen Kompetenzen

3. Natürliche Atem- und Stimmführung herbeizuführen, einzuüben und zu verstärken, ohne Atemvorgänge bewusst werden zu lassen (vgl. *Fiedler* und *Standop*, 1986, 218)

4. Stimmkapazität und -ausdruck zu bereichern, zu entwickeln oder steuern zu lernen

5. Entdecken von ursprünglichen Sprechfunktionen. Durch spielerisches Schulen soll der Mitteilungscharakter der Artikulation und Intonation wieder erworben werden

6. Schulung der Wortfindung und Worterfindung

7. Phantasien und Gefühle mitteilen zu lernen

8. Die Sprache als kommunikatives Element zu erfahren

9. Die Sprache als schöpferischen Prozess zu erfahren

10. Sprachstrukturen, Sprachmuster und Sprachrituale aufzubauen und zu verinnerlichen

11. Positive Spracherlebnisse zu erfahren

12. Schwierige Sprechsituationen meistern zu lernen

13. Förderung von allgemeinen, meta-sprachlichen Ausdrucksmöglichkeiten als Sprachbegleitung (vgl. *Krause*, 1978; *Calavrezo*, 1965).

Die Ziele, die hier erwähnt wurden, variieren sehr von Kind zu Kind. Von Fall zu Fall unterscheidet sich die Akzentuierung. Wichtig ist bei dieser sprachtherapeutischen Arbeit, dass die Sprache als kommunikativer Prozess im Vordergrund steht und dass das vordergründige Ziel nicht die Heilung des Symptoms ist.

Sei es die Arbeit an primären kommunikativen Kompetenzen, sei es die Arbeit mit der Stimme oder an Sprechmustern und -strukturen, es ist die Kleinarbeit, Fehlendes zu erwerben und verkümmerte Funktionen neu zu erlernen. Wie die Übungen beim Physiotherapeuten werden die sprachtherapeutischen Übungen dem Problem des Kindes angepasst. Denn – wie schon erwähnt – es gibt kein Problem des Stotterns, es gibt nur verschiedene individuelle Probleme, die unter dem Begriff "Stottern" einzuordnen sind.

Das Modell, das diesen Übungen Pate gestanden hat, ist die natürliche Sprech-, Sprachentwicklung und der Spracherwerb des Kindes, Stufe für Stufe, eingebettet in ihrer kommunikativen, sozialen Funktion.

2.2.2. Einschränkungen der sprachtherapeutischen Übungen

a) Die vorgestellten logopädischen Übungen eignen sich nicht für alle Fälle von stotternden Kindern. Eine vorausgehende, sorgfältige Abklärung und der Einbezug anderer Fachkräfte (Arzt, Psychologe, Psychotherapeut) sollte uns den Entscheid, ob das Kind in unsere Therapie gehört, erleichtern. Besonders Kinder mit tiefgreifenden, erschwerenden psychischen Problemen werden von unserem Angebot wenig profitieren können.

b) Nicht alle Übungen sind für alle Kinder gleich gut! Programmässiger Übungsaufbau ist nicht übertragbar von Kind zu Kind, sondern nur individuell, je nach Problemstellung und späterer Entwicklung der Therapie aufzubauen. Er sollte als ein dynamisches System aufgefasst werden, um Änderungen miteinbeziehen zu können.

c) Es hat sich bewährt, schwierigere Fälle unter Supervision bei einem erfahrenen Therapeuten zu klären. Der Supervisor sollte psychotherapeutisch geschult sein und möglichst Erfahrung mit stotternden Kindern haben.

d) Sprachtherapeutische Übungen erheben nicht den Anspruch, eine Psychotherapie zu ersetzen.

e) Den Übungen sollte eine gewisse Haltung vorausgehen, die die *Kommunikation* mit dem Kind in den Vordergrund stellt, sonst geht der Sinn der Übung verloren, auch wenn diese didaktisch gut aufgebaut und sprachtherapeutisch richtig ausgeführt sind. Eine normale Kommunikationsfähigkeit des Sprachtherapeuten ist Voraussetzung (wobei es klar ist, dass die Klassifikation ein Problem darstellt).

f) Nicht jeder Sprachtherapeut besitzt gleichviel psychologische Erfahrung oder die Fähigkeit, sich in das Kind hineinzufühlen, um die Übungen wirklungsvoll auszuführen. Die richtige Haltung muss zunächst erarbeitet werden. Die Ausbildungserfahrung im Heilpädagogischen Seminar (HPS, Zürich) in Weiterbildungsgruppen und Weiterbildungskursen hat gezeigt, dass die Übungen am besten über Selbsterfahrung und Modellübungen vermittelt werden können. Auch kann auf diese Weise die persönliche Ermutigung und Empfehlung an Sprachtherapeuten geschehen, die sich besonders dafür interessieren und auch dazu geeignet sind, in dieser Richtung Erfahrungen zu sammeln und sich zu spezialisieren. Dies stellt Probleme in bezug auf die Ausbildung und die Anwendung der Übungen: Denn diese können nur partiell und eingeschränkt theoretisch übermittelt werden.

g) Da die Übungsmethode kreativ und schöpferisch sein sollte und mit der Zeit die persönliche Note des Therapeuten tragen wird, birgt sie auch die Gefahr in sich, keine einheitliche Methode zu werden; das kann aber auch neue Chancen mit sich bringen.

2.2.3. Die Haltung des Sprachtherapeuten gegenüber dem stotternden Kind

Das Gelingen dieser Übungsmethode hängt von der Fähigkeit des Therapeuten ab, sich eine Haltung gegenüber dem Kind anzueignen, die es ihm und dem Kind ermöglicht, die Übungen als gemeinsamen, kommunikativen Prozess zu erfahren.

Wird der angehende Sprachtherapeut zum ersten Mal mit dem Problem "Stottern" konfrontiert, fühlt er sich unsicher, verwirrt, alles scheint ungreifbar, das

Problem unverständlich, das Symptom uneinfühlbar. Man kann sich schwer mit dem stotternden Kind identifizieren. Keine andere Sprachstörung brachte so vielfältige Theorien und Therapieformen (auch widersprechende) hervor wie das Stottern. Vielleicht hilft es zunächst, das Stottern zu vergessen und dem Kind so zu begegnen, wie es ist. Es bietet uns ja so viele andere Seiten seiner Persönlichkeit an als nur sein Stottern. Haben wir es ein wenig kennengelernt, wird es uns viel leichter fallen, sein Stottern, in der gesamten Persönlichkeit des Kindes eingebettet, zu verstehen und seine Problematik wird eher einfühlbar.

Der Akt des Stotterns ist eine Interaktion zwischen Redner und Zuhörer (*Schönaker*, *Krause*). Es liegt also genauso am Zuhörer, durch seine Haltung die spannungsvolle Situation zu entlasten, sachlich und natürlich zu bleiben. Wenn wir uns *auf die Aussage und nicht auf die Art des Sprechens konzentrieren*, erleichtern wir uns und dem Stotterer die Situation, ermöglichen es ihm, sich zu äussern. Der Stotterer erlebt uns als Zuhörer und nicht als Kontrolleur.

Eine wichtige Regel der Therapie scheint mir zu sein, dass das Kind in den Therapiestunden *stottern darf*. Das Kind kann unsere Angebote an positiven, lustvollen Sprecherlebnissen erst dann annehmen und geniessen, wenn es weiss, dass wir ihm zwar den Weg weisen, jedoch nicht von ihm erwarten, dass es uns zuliebe sein Stottern aufgibt. Durch unsere Haltung lernt es, die Verantwortung für sein Stottern zu übernehmen, es als ein von ihm produziertes Missgeschick zu erleben, und durch unsere Angebote oder durch eigene Ansätze einen Weg zu finden, es zu überwinden. *Wir können ihm diesen Reifungsprozess nicht abnehmen.*

Es ist nicht nötig, einem Kind alle diese Prozesse verbal klarzumachen. In diesem Alter lernt ein Kind, allein durch das Erspüren unserer Haltung und Reaktionen auf sein Verhalten neue Erkenntnisse zu gewinnen, was sich in der Vorpubertät, Pubertät und im Erwachsenenalter ändern würde, wo verbale Erkenntnisse eine grössere Rolle spielen mögen.

Es ist nicht immer leicht, das Kind und seine individuelle Persönlichkeit ernst zu nehmen und als Partner zu behandeln. Konsequenterweise gelten also die gleichen Regeln und Grenzen für uns beide, ausser dass unsere Rollen in dieser Situation verschieden sind und unsere Fähigkeit, Verantwortung zu übernehmen, auf einer anderen Stufe steht, da wir bereits erworben haben, was das Kind durch viele, viele, langwierige Lernprozesse zu erwerben hat.

Zusammengefasst können wir folgende Regeln aufstellen (teilweise aus der Doetinchemer-Methode, *Schönaker* [1975]):

- Ein Vertrauensverhältnis ist Voraussetzung für die gemeinsame Arbeit.
- Wir sind beide da, um gezielte Tätigkeiten gemeinsam gestalten zu lernen.
- Ich muss das Kind als Partner und Mitarbeiter ernst nehmen.
- Ich muss lernen, das Kind so zu akzeptieren, wie es ist (auch nach *Axline*).
- Das Kind darf jederzeit stottern.
- Es geht hier nicht um eine Leistung, sondern um das Erlebnis.
- Wir dürfen Fehler machen und Sachen ausprobieren, die uns dann nicht gelingen.
- Die Entscheidung für einen Fortschritt liegt beim Kind und bei seinen Möglichkeiten, ich kann ihm das nicht abnehmen (auch nach *Axline*).

Einige zusätzliche Hilfsregeln halfen mir, die richtige pädagogisch-therapeutische Haltung zum Kind zu finden (teilweise nach *Axline*):

- Ich mache für das Kind nichts, was es schon selbst machen kann.

- Neue Sachen müssen gelernt werden; diesen Lernprozess kann ich ihm nicht abnehmen.

- Wir beide dürfen auch negative Gefühle haben und müssen lernen, dazu zu stehen und Ambivalenzen auszuhalten.

- Winzige Schritte sind auch Fortschritte.

- Ich bin da, um mich und das Kind vor Gefahren und Überforderung zu schützen, und muss dort Grenzen setzen, wo es das selbst noch nicht kann.

- Die Grenzen muss ich dort setzen, wo ich mich überfordert fühle, die Konsequenzen zu tragen.

- Ich bin nicht da, um meine Ideen durchzuführen. Das Kind ist nicht da, um sich unterzuordnen. Ich kann Ideen anbieten, das Kind wird sie, wenn es kann, annehmen.

- Ich bin nicht da, um vom Kind nach seinem Willen eingesetzt zu werden.

- Rückschritte liegen in der Natur der Sache und sollten keine Ursache zu Resignation bieten.

Habe ich erst herausgefunden, wieviel Kreativität, Freude und Entfaltung die gemeinsamen Gestaltungen mir und dem Kind vermitteln, werden die Stunden für mich und das Kind zu einem befriedigenden Erlebnis, das seinen therapeutischen Zweck nicht verfehlen kann (siehe auch Teil 2.1.).

2.2.4. Exkurs: Die abgewandelten sprachtherapeutischen Elemente der Doetinchemer-Methode für stotternde Kinder

Die sprachtherapeutischen Übungen nach der individualpsychologisch orientierten Doetinchemer-Methode von T.+T. *Schönaker* (1975) haben ihren Niederschlag in diesem Modell gefunden.
Die zweieinhalbjährige Ausbildung, die ich zusammen mit S. Hardmeier bei T.+T. *Schönaker* genoss, erlaubte mir, eine Haltung zu finden, welche, für Kinder abgewandelt, eine konkrete Arbeitsweise schuf:

Den Menschen gleichwertig als Partner zu erfahren, bedeutet für mich als Therapeutin, dass ich nicht beiseite stehen und Ratschläge erteilen kann, sondern dass das, was zu lernen ist, als ein gemeinsamer Lernprozess zu betrachten ist. Ich muss den Menschen neben mir, seine Möglichkeiten und Probleme kennenlernen. Ich muss versuchen, das, was ich zu bieten habe, ihm in seiner Sprache und über seine Möglichkeiten zu vermitteln. Der Mensch neben mir muss sich öffnen können, den Willen aufbringen, das, was ich ihm vermitteln möchte, aufzunehmen, was wiederum einen Prozess des Sich-gebens bedeutet. Nur so kann der Austausch stattfinden, den wir Kommunikation nennen. Dieser Prozess ist nicht selbstverständlich. Er braucht Vertrauen und Mut beiderseits. Er ist der Prozess des Gebens und Nehmens, den alle unsere sozialen Beziehungen als Grundlage haben.

An diesem Prozess lernt jeder Mensch sein Leben lang und sammelt Erfahrungen. Wollen wir dieses Prinzip auf das Verhältnis Therapeut - Kind übertragen, so ist es das gleiche. Der Unterschied liegt lediglich darin, dass wir als Erwachsene mehr Erfahrungen gesammelt haben, schon mehr Schlüsse aus ihnen gezogen haben und deswegen in einigen Bereichen mutiger, in anderen vielleicht mutloser geworden sind, als das Kind es ist. An diesem Ungleichgewicht wird uns die Verantwortung, die wir tragen, aber auch die Chance in unserer Arbeit bewusst.

Da die eigene Auswertung der Selbsterfahrung in diesem Alter nur beschränkt möglich ist, die Fähigkeit, über sich selbst intellektuell zu reflektieren, noch nicht voll ausgebildet ist, ist das Kind auf mein Feedback, meine Verstärkung, Führung und mein Modell-sein angewiesen; dafür bringt das Kind die grossartige Fähigkeit mit sich, durch Spiel und Phantasie sich unmittelbar auszudrükken. Diese Möglichkeiten bieten uns einen Ersatz für die Unvollständigkeit der Selbstreflexion.

Der Mensch, sein Körper, seine Stimme und Sprache werden in der Doetinchemer-Methode als Einheit betrachtet und erlebt, neue, eingeübte und angewandte Ausdrucksmöglichkeiten erweitern seine Persönlichkeit. Möglicherweise lernt er auf diesem Wege, neue Zugänge zu seinen Ängsten und "Engpässen" zu bekommen, was es ihm wiederum erleichtert, diese zu überwinden.

Wenn wir diese Einsicht auf die Übungen mit stotternden Kindern übersetzen, gibt sie uns eine Vielfalt an pädagogisch-therapeutischen Möglichkeiten. Jede neu eingeübte Ausdrucksmöglichkeit erleichtert es dem eingeengten, ängstlichen, schüchternen, aber auch dem aggressiven, unruhigen und nervösen Kind, neue Wege für seinen Gefühlsausdruck zu finden. Hat ein Kind Mittel gefunden, seine Ängste und Probleme bei der Übung auszuleben und auszudrücken, hat es den Rahmen dafür, neue Kommunikationsmöglichkeiten im Übungsspiel auszuprobieren, so ist der Weg dazu auch ausserhalb der Therapie angebahnt.

Die Doetinchemer-Methode bietet dem motivierten erwachsenen Stotternden einzustudierende Übungsreihen, deren Zweck einleuchtend und zweckmässig scheint. Sie ermöglicht ihm, die "Frustrationsstrecken" in den Übungen durchzuhalten und zu überwinden. Anders ist es beim Kinde, das zwischen 4 und 12 Jahren oft noch kein Störungsbewusstsein besitzt und nicht von sich aus sich unserer Therapie unterzogen hat. Es könnte jedes direktive Mittel, das sein Stottern behandelt, als Kritik, als Forderung zu Fleiss und Überwindung seines Übels auffassen, was ja genau kontraindiziert sein könnte! Deshalb habe ich hier auf solche Übungen bei Kindern in diesem Alter verzichtet und mich auf die *Erweiterung der Ausdrucksmöglichkeiten* auf verbalen und nonverbalen Ebenen zentriert. Von bedeutendem therapeutischem Wert und altersadäquat ist die Vermittlung von positiven, freien Sprecherlebnissen. Sprechablaufübungen wären, je nach Indikation, mit diesen sicher kombinierbar.

Zusammenfassend sind folgende Punkte auf die Kindertherapie übertragbar:

- Die Einsicht, dass Atem-, Stimm- und Sprechübungen erst in dem *kommunikativen Prozess* eingebettet ihren Sinn haben, bildet auch die Grundlage für die abgewandelten Doetinchemer-Übungen für Kinder.

- Das meditative Selbsterfahrungselement der Übungen kann durch *symbolhafte, spielerische, der Erlebniswelt des Kindes angepasste Elemente* ersetzt werden.

- Der Grundsatz, dass die Übungen den gesamten Körper und alle seine Ausdrucksmöglichkeiten miteinbeziehen, gilt auch beim Versuch, für jede Übung *den gesamten Körper zu aktivieren und über die Bewegung* zum Ausdruck zu bringen.

2.3. Sprachübungen und Tabellen

2.3.1. *Grundsätzliches*

Unsere Übungsziele können wir wie folgt zusammenfassen:

Störung		Behandlungsziel
Stotterer	Polterer	
Verkrampfung	Verkrampung, Unruhe	Entspannung, positive Körperdisposition
Atemblockade	unruhige Atmung	Atemfluss
Stimmblockade	gepresste oder schlaf-fe Stimmführung	Stimmfluss
enge Stimmkapazität	enge Stimmkapazität	Erweiterung und Differenzierung der Stimmkapazität
Lautangst	verwaschene Lautfüh-rung	verwaschene Lautführung
Sprechangst	verwaschene, unkoor-dinierte Sprache	freies Sprechen Sprechfreudigkeit Schulung der Sprechkoordination
Sprechausdrucksenge	Sprechausdrucksenge Sprechdisharmonie	Schulung des Ausdrucks allgemein Schulung des Ausfdrucks beim Sprechen Sprechkoordination
Angst vor Sprechsitu-ationen (Zurückhalten, Vermeiden)	Angst vor Sprechsitu-ationen (Übertreibung, Ablenkung)	Schulung von Sprechsituationen
Defizite des kommu-nikativen Verhaltens	Defizite des kommu-nikativen Verhaltens	Aufbau von kommunikativen Kompetenzen

Je nach Störungsakzent werden wir unser Behandlungsziel auswählen.

Die Unterscheidung Stotterer-Polterer ist zwar im Sinn von *Schmid* ("Ein Beitrag zur Differentialdiagnose Stottern-Poltern", SHA, 14/4, 1969, 105-112), jedoch als Problemakzentsetzung zu verstehen: Unter Stotterer verstehen wir das eher gehemmte, zurückhaltende Kind mit einer stockenden Sprechweise und kontrollierter Motorik; unter Polterer eher das schlaffe oder nervöse Kind mit einer verwaschenen oder überhasteten Sprechweise und Motorik.

Es sei hier wieder darauf hingewiesen, dass Mischtypen die Regel sind!

Allgemeine Prinzipien für alle Übungen

Die Übungen erfolgen, wenn immer möglich:

1. über Spiel, Symbol und Handlung
2. in der Kommunikation, im Dialog und in der Korrespondenz
3. in der Bewegung des gesamten Körpers im Raum
4. aus Freude, Lust und Neugier (und nicht als Übungszwang)
5. vom Konkreten zum Abstrakten

Die Übungen sind ein Geschehen, bei dem der Therapeut mitbeteiligt ist.

Die Übungen können folgende Kommunikationsformen enthalten (mit steigendem Schweregrad):

1. Vormachen – Nachmachen
2. Frage – Antwort
3. Geführt-werden – Führen
4. Abwechselndes Gestalten
5. Gemeinsames Gestalten
6. Geschehen lassen

2.3.2. Primäre Kommunikation oder: Vertrauen, positive Körperdisposition

Die erste Übungsstunde: Kommt das Kind in die erste Übungsstunde, so kommt es mit Ängsten, Zweifeln, Neugier; bei den ersten Übungen gilt es also, den Kontakt herzustellen, sein Vertrauen zu gewinnen und eine positive Haltung den Übungen und uns gegenüber zu erreichen – zunächst ohne jegliches Sprachelement!

Wie schon erwähnt, geht es bei allen Übungen um die Kommunikations- und Ausdrucksfähigkeit des Kindes und um die Schulung der Sprechfunktionen *auf die Kommunikationsfähigkeit hin.*

Jegliche logopädische Therapie, ja jede heilpädagogische Massnahme, kann dort anfangen, wo Vertrauen und Offenheit gegenüber den geplanten Massnahmen herrschen. Es ist besonders wichtig, dieses Element ins Konzept der Stottererbehandlung miteinzubeziehen.

Oft erzählen Logopäden bei Weiterbildungskursen von einem unwohlen Gefühl bei Übungen mit stotternden Kindern. Oft empfinden sie die ausgeführten Sprachübungen als ein zu absolvierendes Programm, ohne das Gefühl zu haben, dass etwas echt Heilendes geschehen ist. Sie empfinden es als grosse Entlastung, wenn man die Einstellung vertritt, dass das Vertrauen, die gute Beziehung zum Therapeuten erste Priorität hat, und dass die best ausgeführte Sprechtechnik, konsequent und phantasievoll aufgebaut, ihre therapeutische Wirkung verfehlt, wenn die Basis des Vertrauens, die Mitarbeit und der Glaube an den Erfolg fehlen.

Heese (1976, 33) sagt dazu: "Kontakt: ihn so eng wie möglich herzustellen ist für jedes heilpädagogische Tun ohnehin Voraussetzung."

Bei allen diesen Spielen geht es darum, mit dem Kind in eine Kommunikation zu treten in einem Rahmen, der nicht überfordert, der möglichst lustbetont ist und dabei dem Kind unsere Offenheit, wohlwollende Haltung, Gewährung und Wärme einerseits, andererseits aber auch Rahmen, Strukturen und Sicherheit vermittelt. Das Kind kann dabei über das Spiel uns kennenlernen, sich an uns gewöhnen und Vertrauen fassen.

Eine solche Übung kann folgende Elemente der Kommunikation enthalten:

1. Vormachen - Nachmachen

Eine Geste nachzuahmen ist das erste kommunikative Mittel, welches Säugling und Mutter zeigen. Das Nachahmen ist eine lustbetonte primäre Handlung. "Das Kind schafft, indem es entlehnt" (*Jakobson*, 1969, 8), es zeigt, dass das Kind daran ist, Objektrepräsentanzen zu bilden, um später damit zu operieren (*Piaget, Inhhelder* 1981). Müssen wir eine Erst-Kommunikation mit dem Kind aufnehmen, kann fast bei allen Fällen ein Nachahmungsspiel nicht fehlgehen.

Dabei kann man mittels einfacher Musik- oder Lärminstrumente, Rhythmik, Tüchern oder Reifen, Kasperlepuppen oder durch einfache rhythmische Bewegungen ein Nachahmungsspiel einstimmen. Nehmen wir noch das Spiel, die Phantasie, das Thema dazu, geben wir der Handlung einen Sinn und lenken das Kind von seinen Ängsten ab: Der Affe, der Papagei, der Lehrling handeln, und nicht das Kind selbst. Das Spiel fördert die Phantasie des Kindes, was für die spätere Eigeninitiative und das gemeinsame Gestalten nötig ist. Auch schafft das Spiel einen "Übergangsraum", in dem später Lebenssituationen eingeübt werden können.

Das Nachahmungsspiel kann man in zwei Stufen aufbauen:

- Therapeut macht vor, Kind macht nach
- Rollenwechsel

Dabei kann der Schritt zwischen beiden Formen sehr gross sein kann. Es könnte sein, dass das Kind den zweiten Schritt zunächst verweigert.

2. Frage – Antwort

Der primäre Dialog zwischen Säugling und Mutter hat immer wieder die Form eines Frage-Antwort-Rituals; zunächst mit Gesten, danach verbal. Diese einfache Art von Kommunikation ermöglicht es dem Kind, noch volle Abhängigkeit beizubehalten. Doch entstehen dabei Dialogrituale, ein kommunikatives Agieren und Reagieren werden möglich, bei denen das Kind viel Neues dazulernt. Diese Kommunikationsform wollen wir zu Übungszwecken aufnehmen. Auf eine Frage kann man schablonenhaft antworten; das wird ein ängstliches Kind auch oft tun. Vielleicht "provozieren" wir das Kind dann ein wenig im Spiel, und es kann darauf antworten, sich wehren, reagieren, eine "Gegenprovokation" starten oder einen "Schlichtungsversuch". Da es noch nicht auf der sprachlichen Ebene kommunizieren muss, kann dies ihm helfen, die Angst zu überwinden.

Auch hier kann man die Übung auf zwei Stufen ausführen:

1. Therapeut fragt, Kind antwortet
2. Rollenwechsel

Auch hierbei können die beiden Stufen in ihrer Anforderung weit auseinander liegen. Oft kann aber bei aufgeweckten Kindern das Fragen-Antworten ins abwechselnde Gestalten hinübergleiten.

3. Geführt-werden und Führen

Das Geführt-werden und das Führen sind eine primäre menschliche Erfahrung, die eine Basis für die spätere Handlung und Eigeninitiative bildet (*Affolter* 1987). Das Geführt-werden hat sich in der Therapie als eine lustbetonte, heissgeliebte Beschäftigung erwiesen. Eine "Entdeckungsreise" unter Schutz zu unternehmen, kann dem Kind viel Geborgenheit und Vertrauen vermitteln. Am besten führt man die Übung *im ganzen Zimmer aus.* Dabei lernt das Kind das Territorium "unter Schutz" kennen, es kann auch räumlich Vertrauen fassen, im Gegensatz zu den zwei ersten Übungsformen, die einen kleinen Raum beanspruchen.

Auch hier kann die Übung in zwei Stufen ausgeführt werden:

- Therapeut führt, Kind wird geführt
- Rollenwechsel

In dieser Übung wird dem Kind Gelegenheit geboten, allmählich führen zu lernen.

4. Abwechselndes Gestalten

Ein jeglicher Dialog ist ein abwechselndes Gestalten: Der eine spielt, der andere hört zu und verbindet das Gesagte mit seinen eigenen Gedanken, die er dann ausspricht, währenddem der andere zuhört. Dieses Element erfordert vom Kind ein grösseres Kooperationsvermögen. Ähnlich dem Frage-Antwortspiel wird abwechslungsweise gehandelt, jedoch ist das Kind hier, anders als dort, ein Partner, der die gleiche selbständige Handlung vollzieht wie wir auch, und das entstehende Geschehen mitkreiert. Dieses Einstimmungsspiel ist weniger für primäre Kommunikation geeignet, mehr als Zwischenspiel oder Anfangsspiel bei fortgeschrittenem Therapieverlauf, um Eigeninitiative und Kreativität zu fördern.

5. Gemeinsames Gestalten

Ist beim abwechselnden Gestalten noch die Erleichterung da, dass Kommunikation und Geschehen ritualisiert und musterhaft sind und Schritt für Schritt verlaufen, müssen hier das Sich-aufeinander-abstimmen und das Gestalten gleichzeitig geschehen.

Dies erfordert viele Fähigkeiten, ist jedoch, in einfachen Handlungen und kurzen Zeitspannen ausgeführt, ein überaus wichtiges Lernziel, das auf einer hohen kommunikativen Stufe steht. Im Spiel, mit Musikinstrumenten, Malen, im Nachahmen von Tierstimmen usw. kann man es mit dem Kind üben. Die partnerschaftliche Arbeit auf ein Ziel hin ist ein bereicherndes Erlebnis, das auch im täglichen Leben praktiziert wird und uns zur Partnerschaft befähigt und Basis bildet für jegliche kollektive Kreativität.

Auf den nächsten Seiten sind einstimmende Übungen zusammengestellt, auf verschiedenen Kommunikationsstufen mit dem entsprechenden Material.

Andere einstimmende Tätigkeiten

Oft ist keine einstudierte Übung nötig, um eine gute Körperdisposition zu gewinnen, und doch kann ein solches Arsenal an Übungen bei manchen Kindern von grossem Nutzen sein.

"Der Meister und sein Papagei" zum Beispiel erwies sich bei zwei mutistischen Kindern als ein Kommunikationsmittel, das ihre Beziehungsangst überwinden half.

Auch bei Ermüdung, Unruhe, Überforderung durch eine andere Übung kann ein solches einstimmendes Kommunikationsspiel von grossem Wert sein. Manchmal entstehen jedoch in der Initialphase spontane Spiele, die dem Kind das Vertrauenfassen erleichtern.

Das Ritualspiel:

Unser Leben wird mit Ritualen geregelt: Sich begrüssen und verabschieden, die Essenszeiten, das Beschenken usw. sind durch Rituale strukturiert, die uns Orientierung, Ordnung und Sicherheit geben.

Auch Kinder in der Therapie versuchen sich solche Rituale zu schaffen:

- Ursi (7) versteckt sich zunächst im Zimmer, man muss sie suchen und mit grossem Oh! und Ah! entdecken, ehe sie die Stunde anfangen kann.
- Emmanuel (10) geht zunächst zum Verkäufer-Laden und zählt das Spielgeld, ordnet alle Fächer – dann ist er bereit.
- Stephan (9) überprüft zunächst das ganze Zimmer auf neue Spuren.
- Andrea (8) schreibt in schönen Buchstaben ihren Namen auf die Wandtafel und wischt ihn am Ende der Stunde wieder aus.
- Michael (9) fängt jede Stunde mit einem politischen Gespräch aus den Nachrichten an: "Finden Sie den Nixon nett?"

Oft wird ein Kind am Anfang der Stunde auf irgendein Spielzeug hingehen und zu spielen beginnen. Nun ist es eine Ermessensfrage: Handelt es sich um ein Einstimmungsspiel (wie oben beschrieben), so deutet es darauf hin, dass das Kind seinen Weg gefunden hat, um sich auf die Stunde vorzubereiten. Handelt es sich um ein ausgedehntes Spiel, das unter Umständen auch zur Ablenkung von den Übungen dient oder gar eine Aufforderung zum Machtkampf ist, so fände ich es wichtig, die Spielregel aufzustellen, dass nach dem gemeinsamen Üben das Kind Zeit hat, zu spielen und sie konsequent durchzuhalten.

Die Abwehr gegen das Üben

Das freie Spielen ist für das Kind sehr wichtig, aber da es in diesem Buch um logopädische Arbeit geht und nicht um eine Spieltherapie, wird das Kind, das Abwehr gegen das Üben zeigt, durch kurze, lustvolle Übungen lernen, das Üben gernzubekommen und mitzuarbeiten. Denn mitzuarbeiten, Ängste und Frustrationen zu überwinden – was es ja beim Üben leistet – ist nicht leicht.

Zeigt ein Kind grosse Abwehr gegen das Üben, lohnt es sich zu fragen, wo das Problem liegt. Haben wir es überfordert? Ist die Übung zu schwer? Verlangt sie zuviel Leistung oder Nähe? Haben wir vielleicht zu viel erwartet, unsere Ziele zu hoch gesteckt? Dann können wir versuchen, auf einfachere Übungen hinüberzugehen. Gelingt es uns nicht, den Grund zu finden, oder liegt ein störender Faktor vor, den wir nicht behandeln können, sollten wir den Fall mit Kollegen oder anderen Fachkräften besprechen.

Man kommt nicht darum herum, sich immer wieder zu sagen, dass kleinste Erfolge auch Erfolge sind, und dass Geduld und Wartenkönnen den Unterschied zwischen einem guten und einem weniger versierten Therapeuten oder Heilpädagogen ausmachen (s. auch 2.3.6.).

Funktion: Übungsvorschläge für primäre Kommunikation

	Mittel:	Vormachen – Nachmachen	Frage – Antwort	Geführt-werden – führen	abwechselndes Gestalten	gemeinsames Gestalten
Körper	Hände	Clown und Affe 1	Die sprechenden Finger 17	Die magnetischen Hände 29	Afrikaner im Busch 44	Brüllende Löwen im Busch 57
	Beine	Der Läufer und sein Schüler 2	Die Jodler 18	Die Ballettschülerin 30	Afrikaner im Busch 45	
	Stimme	Die Jodler 3	Die sprechenden Affen 19	Hänsel und Gretel im Wald 31	Vögel singen im Wald 46	Vögel singen im Wald 58
	Mund	Der schnalzende Papagei 4				
Rhythmik	Ball	Der Clown lernt Ballprellen 5	Zwei Clowns üben Nummer mit Ball 20	Der Hindernislauf 32	Zwei Clowns üben Nummer mit Ball 47	Zwei Clowns üben Nummer mit Ball 59
	Tücher	Der Vogel, der fliegen lernt 6	Zwei Schmetterlinge 21	Zwei Schmetterlinge 33	Die Hütte 48	Die Hütte 60
	Reifen	Der kleine Vogel lernt hüpfen 7	Botschaftssender 22	Der Hindernislauf 34	Die Schiffbrüchigen auf den Inseln 49	Die Schiffbrüchigen 61
	Seil	Der kleine Seiltänzer und sein Lehrling 8	Eine Schlangenbegegnung 23	Zwei Schlangen im Busch 35	Die Landkarte 50	Die Landkarte 62

Funktion: Übungsvorschläge für primäre Kommunikation (Fortsetzung)

	Mittel:	Vormachen – Nachmachen	Frage – Antwort	Geführt-werden – führen	abwechselndes Gestalten	gemeinsames Gestalten
Musik	Klanghölzer Klangstäbe	Der Meister und sein Papagei 9	Der Meister und sein Papagei 24	Der Hindernislauf 36	Zwei Förster 51	Zwei Förster 63
	Trommel	Der Trommellehrling 10	Der Trommellehrling 25	Der Wegweiser 37	Ein Trommelkonzert 52	Ein Trommelkonzert 52
	Glocken Rasseln	Der "Samichlaus" und der "Schmutzli" 11	Zwei Kühe auf der Weide 26	Zwei Kühe auf der Weide 38	Zwei Kirchenglocken 53	Zwei Kirchenglocken 53
	Flöte	Der Vogel, der pfeifen lernt 12	Zwei Vögel 27	Zwei Vögel 39	Zwei Vögel/ein Flötenkonzert 53	Zwei Vögel/ein Flötenkonzert 53
Form + Farben	Ton, Kunstmasse Mal-, Farbstifte	Der Malerlehrling 13	Die sprechenden Farben 28	Der Architekt und der Gärtner 40	Zwei Zauberstifte 54	Zwei Zauberstifte 64
	Stäbe	Der Gärtner und sein Lehrlin 14		Der Hindernislauf 41	Zwei Heinzelmännchen 55	Zwei Heinzelmännchen 65
	Klötze	Der Maurer und sein Lehrling 15		Der Hindernislauf 42	Zwei Architekten 56	Zwei Architekten 66
Spiel	Kasperle	Kasperle und sein Lehrling 16		Zwei Tiere im Busch 43		
	Puppenhaus Sandkasten Rollenspiel					

Ausführung der Übungen in der Tabelle auf den vorherigen Seiten

Vormachen – Nachmachen

1. Clown und Affe: Der Clown im Zirkus legt seine Hände an verschiedene Stellen an seinem Körper (Kopf, Knie, Hüfte, Mund, Ohr usw.), der Affe ahmt ihn nach.

2. Der Läufer und sein Schüler: Der Läufer macht Gehübungen, schnell-langsam, verschiedene Beinstellungen. Der Schüler macht ihm jede Bewegung nach.

3. Die Jodler (auch als Stimmübung): Zwei Jodler stehen auf zwei entfernten Bergen, der eine macht vor, der andere ahmt alles nach.

4. Der "schnalzende" Papagei: Der Meister schnalzt mit der Zunge, der Papagei ahmt ihn nach.

5. Der Clown lernt Ballprellen: Der grosse Clown lehrt den jungen Clown lustige Ballprellnummern. Der junge Clown soll alles nachmachen.

6. Der Vogel, der fliegen lernt (mit Tüchern): Mutter Vogel lehrt ihre Jungen den Bewegungsablauf des Fliegens.

7. Der kleine Vogel lernt hüpfen (mit Reifen): Der junge Vogel ahmt die Hüpfbewegungen dadurch nach, dass beide von einem am Boden liegenden Reifen in den anderen hüpfen.

8. Der Seiltänzer und sein Lehrling (mit Seil): Der Seiltänzer führt auf dem am Boden liegenden Seil Tanzübungen aus. Der Lehrling ahmt nach.

9. Der Meister und sein Papagei (mit Schlaghölzern): Der Meister klopft dem Papagei einen Rhythmus vor, der Papagei ahmt nach.

10. Der Trommellehrling (mit 2 Trommeln oder Tamburins): Der Trommler lehrt den Schüler verschiedene Trommelschläge, der Schüler macht nach.

11. Der "Santaklaus" und sein Helfer "Schmutzli" (mit zwei Glocken): Santaklaus geht von Haus zu Haus und läutet. Sein Begleiter macht alles nach.

12. Der Vogel, der pfeifen lernte (mit Flöten oder Pfeifen): Mutter Vogel pfeift (auf der Flöte) laut, leise, kurz, lang (die Tonhöhe ist unwichtig), der junge Vogel macht nach.

13. Der Malerlehrling (mit einem grossen Bogen Papier und Ölkreiden, Wasserfarben oder Filzstiften, oder mit Kreide auf der Wandtafel): Der Maler führt Malbewegungen vor, der Lehrling versucht, den Handbewegungen des Malers zu folgen. Dabei entsteht ein Doppelbild.

14. Der Gärtner und sein Lehrling (mit flachen Holzstäben): Der Gärtner legt eine schöne Gartenanlage, Beet für Beet. Der Lehrling macht den gleichen Garten nebenan (geeignet auch für Umkehrung der Rollen ohne zu überfordern).

15. Der Maurer und sein Lehrling (mit Bauklötzen): Der Maurer baut ein Haus, Schritt für Schritt; der Lehrling ahmt das Häuschen Schritt für Schritt nach (geeignet auch für Umkehrung der Rollen, ohne zu überfordern).

16. Der Kasperle und sein Lehrling (mit Kasperle-Figuren): Kasperli bringt dem Seppli Turnübungen (Tanzschritte, Kunststücke, Tierstimmen usw.) bei.

Frage – Antwort

17. Die sprechenden Finger: Die Finger des Therapeuten trommeln eine Frage auf den Tisch und "laufen" dabei um den Tisch herum. Das Kind "antwortet" mit seinen Fingern (auch für sehr scheue oder kleine Kinder).

18. Die Jodler (auch als Stimmübung): Zwei "Jodler" stehen auf zwei Bergen (zwei Zimmerecken), der eine fragt, der andere antwortet (Hu hu? – Hu hu hu!)

19. Die sprechenden Affen: Mit gestülpten Lippen und mittels Schnalztönen stellt der eine Affe dem anderen Fragen, der zweite antwortet.

20. Zwei Clowns üben Nummer mit Ball: Der Clown schickt dem zweiten einen Ball mit einer besonderen Geste: ärgerlich, freudig, nachdenklich, fein, herausfordernd usw. Der zweite antwortet darauf.

21. Zwei Schmetterlinge (mit Tuch): Zwei Schmetterlinge begegnen sich. Durch Flügelschlag (Tücher bewegen) stellt der eine Fragen, der zweite antwortet darauf.

22. Botschaftssender (mit Reifen): Therapeut und Kind haben je einen Reifen. Zwei Botschafter haben eine Zeichensprache erfunden, jede Handlung mit dem Reifen bedeutet etwas, und kein anderer weiss, was. Aber die beiden verstehen sich. Der Therapeut fragt (rollt den Reifen, legt ihn hin, springt hinein, hebt ihn mit einer Hand usw.), das Kind antwortet.

23. Eine Schlangenbegegnung (mit Seilen): Durch zickzackartiges Bewegen des Seils entsteht eine "Schlangenbewegung", die eine Schlange stellt eine Frage, die andere antwortet.
24. Der Meister und sein Papagei (mit Schlaghölzern): Wie Nr. 9, aber mit Frage und Antwort.

25. Der Trommellehrling (mit Trommel): Wie Nr. 10, nur mit Frage und Antwort.

26. Zwei Kühe auf der Weide (mit Glocken): Eine Kuh fragt durch Klingeln an ihrer Glocke, die zweite antwortet.

27. Zwei Vögel (mit Flöte, Xylophon oder Pfeifen): Wie Nr. 12, nur mit Frage und Antwort.

28. Die sprechenden Farben (mit Malzeug oder Wandtafel): Therapeut fängt eine Linie an, das Kind vervollständigt sie.

Geführt-werden – Führen

29. Die magnetischen Hände: Therapeut erklärt, dass seine Hand nun mit der des Kindes magnetisch verbunden sei, und dass das Kind nun alle Bewegungen mitführen muss. Der Therapeut und das Kind, Handfläche an Handfläche (ohne oder mit Berührung), führen nun kleine und grosse kreisende Bewegungen aus. (Eine ausgezeichnete Konzentrationsübung, sehr beruhigend; auch für das Übernehmen der Führung durch das Kind ist sie eine gute Anfangsübung).

30. Die Ballettschülerin (Zwei Clowns, Zwei Tänzer, Turner usw.): Die Ballettlehrerin führt ihre Schülerin tanzend durch das Zimmer, die Schülerin folgt.

31. Hänsel und Gretel im Wald (auch Stimmübung): Hänsel hat Gretel im Wald verloren, doch seine Stimme (oder Glöckchen) führt sie. Sie gibt ihm durch ihre Stimme (Glöckchen) zu verstehen, dass sie seinen Spuren folgt.

32. Der Hindernislauf (mit Ball): Wir stellen einige Hindernisse im Zimmer auf und versuchen, mit dem Ball prellend, die Hindernisse zu überqueren. Der eine führt und zeigt den Weg.

33. Zwei Schmetterlinge (mit Tüchern): Der eine Schmetterling macht einen Vorstellungsflug im Wald mit seinem neuen Freund und zeigt ihm seine Lieblingsblumen, seinen Schlafplatz usw.

34. Der Hindernislauf (mit Reifen, Stäben oder Bauklötzen): Wie Nr. 32, nur

dass verschiedene Reifen die Hindernisse darstellen, die man auf irgendeine Weise bewältigen muss.

35. Zwei Schlangen im Busch (mit Seil): Man bindet sich ein Seil um als langen Schwanz. Nun suchen sich beide Schlangen ihren Weg durch den dikken Busch. Die eine führt.

36. Der Hindernislauf (mit Klanghölzern): Es gilt, Tiere, die uns im Busch begegnen, mit Klanghölzergeräuschen zu verscheuchen. Der eine führt.

37. Der Wegweiser (mit Trommeln): Zwei Afrikaner gehen im Wald, um Wild zu fangen, der eine geht voraus und weist dem anderen den Weg zum Finden von Wild durch Trommelschläge. Der Geführte schlägt die Trommel, um zu signalisieren, dass er der Spur des ersten folgt.

38. Zwei Kühe auf der Weide (mit Glocken): Eine entdeckungsfreudige Kuh weist ihrer Freundin die saftigsten Weideplätze durch Glockenläuten und warnt sie vor Gefahren.

39. Zwei Vögel (Xylophon, Flöte): Gleich wie Nr. 38.

40. Der Architekt und der Gärtner (mit Malmaterial): Überall, wo der Architekt einen Weg durch den Garten baut, bepflanzt der Gärtner die Wegränder mit Sträuchern, Blumen und Bäumen (eventuell Übergang in ein gemeinsames Gestalten).

Die meisten Übungen lassen sich auch mit Kasperlefiguren gestalten, was die Angst reduziert, jedoch wird dann die Einbeziehung des gesamten Körpers nicht erreicht.

Abwechselndes Gestalten

41. Afrikaner im Busch: Abwechslungsweise beseitigen zwei Afrikaner im Busch Hindernisse, die ihren Weg stören.

42. Afrikaner im Busch (auch Stimmübung): Wie Nr. 36, jedoch verscheuchen sie die Tiere abwechslungsweise mit Klatschen und Ausrufen.

43. Vögel singen im Wald: Abwechselnder Gesang, ein Gespräch, das zwei Vögel miteinander führen, durch Lippen- oder Pfeifengezwitscher.

44. Zwei Clowns üben Nummer mit Ball: Zwei lustige Clowns üben für den Zirkus, es gibt nur einen Ball, und jeder will seine Künste demonstrieren!

45. Die Hütte (mit Tüchern, Bauklötzen usw.): Zwei Schiffbrüchige müssen

sich eine Hütte bauen zum Schlafen. Abwechslungsweise darf jeder daran bauen.

46. Die Schiffbrüchigen auf den Inseln (mit Reifen): Auf zwei Inseln befinden sich zwei Schiffbrüchige. Aus Reifen versuchen sie eine Brücke zueinander zu bauen.

47. Die Landkarte (mit Seilen): Mit Seilen versuchen wir, eine Landkarte zu markieren. Der eine markiert den See, der andere die Berge.

48. Zwei Förster (mit Schlaghölzern): Zwei Förster versuchen, einen Baum zu fällen, sie tun es abwechslungsweise, um Kräfte zu sparen.

49. Ein Trommelkonzert (mit Trommeln): Wie Nr. 43, jedoch mit Trommeln.

50. Zwei Kirchenglocken (mit Glocken): Die Glocken zweier Kirchen werden aufeinander abgestimmt, so dass sie abwechselnd läuten.

51. Zwei Vögel (mit Flöten, Pfeifen, Xylophon): Wie Nr. 43, jedoch mit Musikinstrumenten.

52. Zwei Zauberstifte (mit Malmaterial): Zwei Zauberstifte sind aufeinander abgestimmt, um ein gemeinsames Bild zu zeichnen, jeder darf sich jedoch nur 15 Sekunden bewegen. Beim Stoppzeichen bleibt er lahm in der Luft, und der andere zeichnet.

53. Zwei Heinzelmännchen (mit Stäben): Zwei Heinzelmännchen markieren abwechselnd einen Weg durch den Wald.

54. Zwei Architekten (mit Bauklötzen): Zwei Architekten bauen ein Haus, jeder fügt einen Stein (3 Steine) hinzu.

Gemeinsames Gestalten

55. Brüllende Löwen im Busch (auch Stimmübung): Zwei Löwen haben sich zusammengetan, um allen anderen Tieren im Busch Angst einzujagen.

56. Vögel singen im Wald: Wie Nr. 43, nur ohne jegliche Anweisung, wer was und warum macht.

57. Zwei Clowns üben Nummer mit Ball: Wie Nr. 44, jedoch versuchen sie, gemeinsame Kunststücke zu demonstrieren.

58. Die Hütte (mit Tüchern, Bauklötzen usw.): Wie Nr. 45, jedoch ohne Anweisung, wer was und wann macht.

59. Die Schiffbrüchigen (mit Reifen, Bauklötzen, Stühlen): Zwei Schiffbrüchige befinden sich auf einer Insel. Beide bauen sich ein Schiff (aus Reifen, Bauklötzen usw.), um weiterfahren zu können.
60. Die Landkarte (mit Seil): Wie Nr. 47, nur ohne Anweisung, wer was markiert.

61. Zwei Förster (mit Schlaghölzern): Zwei Förster fällen gemeinsam einen Baum.

62. Zwei Zauberstifte (mit Malmaterial): Zwei Zauberstifte sind aufeinander abgestimmt, um ein gemeinsames Bild zu malen. Was kommt dabei heraus?

63. Zwei Heinzelmännchen (mit Stäben): Wie Nr. 53, jedoch gemeinsam.

64. Zwei Architekten (mit Bauklötzen): Wie Nr. 54, jedoch ganz frei.

2.3.3. Atem und Stimme: Die "Neuentdeckung" des Atems und der Stimme

Atemübungen: Bei den Atemübungen geht es um ein einfaches Prinzip: Das Kind soll seine normalen Atemfunktionen vertiefen, verbessern und erweitern dadurch, dass es Tätigkeiten und Bewegungen, bei denen die Atmung aktiviert wird, in der Therapie ausführt.

Ein normales, gesundes Kind erweitert und festigt seine Atemkapazität von selbst: Es rennt und turnt, klettert und springt.

Neuere Untersuchungen haben bestätigt, dass viele Stotterer auch unter einer motorischen Gehemmtheit und Ausdrucksarmut leiden (*Krause* 1979, *Heese* 1976).

Oft treffen wir stotternde Kinder an, bei denen es so scheint, als ob sie es nicht wagten, tief genug ein- und auszuatmen. Andere zeigen wieder eine hastige, unruhige Atmungsweise bei der kleinsten Tätigkeit. Es ist erstaunlich, wie wenig Atemkapazität manche Stadtkinder aufweisen. In einer kleinen ("ordentlichen") Wohnung wohnend, in der Schule sitzend und in der Pause soziale Integrationsprobleme aufweisend (wie manche stotternden Kinder), bekommt das Kind fast keine Gelegenheit, seiner motorischen Entwicklung, mit der die Atmungsfunktionen fest verbunden sind, nachzugehen.

Es geht also bei diesen Übungen um Lockerung und Aktivierung der Atemfunktionen. Es geht dabei nicht um konzentrative, meditative und bewusst ausgeführte Atemtechniken, wie wir sie von der Atem- und Stimmbildung für Erwachsene her kennen.

Ein Kind mit physiologisch normalen Atemwegen ist imstande, normal zu atmen und die Atmung der Körperbelastung und -bewegung nach zu regulieren. Wagt es aber nicht, sich motorisch frei zu bewegen und seinen Impulsen nachzugehen, leidet auch die Atmung, sie verkümmert, wird flach oder je nach Typ unkoordiniert und hastig.

Demnach ist alles, was *Aktivierung, Lockerung und Fluss der Atmung und Bewegung bewirkt, eine Atemübung.*

Die Atemübungen werden immer in ihren normalen Funktion – in der Bewegung – ausgeführt.

Beispiele für Atemübungen

Alles, was *Wind, Luft und Wasserbewegung* symbolisiert, eignet sich als Thema und wird mit dem ganzen Körper und entsprechenden Bewegungen ausgeführt:

- Aufpumpen einer Luftmatratze
- Wind und Wolken
- Herbstblätter oder Baum im Wind
- Zeitungspapier im Wind
- Sturm
- Windmühlen
- Staubsauger
- Ballone aufblasen und Luft ablassen
- Dampflokomotive usw.

Wenn wir noch die kommunikativen Prinzipien dazu nehmen (2.3.2.), lassen sich die Übungen breit ausbauen.

Atemübungen

Element/Übung	Vormachen–Nachmachen	Frage–Antwort	Geführt–werden–führen	abwechslungsweises Gestalten	gemeinsames Gestalten
Luftmatratze auf- und ausblasen	Hans lernt eine Matratze aufzublasen	Therapeut pumpt auf, Kind ist Matratze, evtl. Rollenwechsel		Aufblaswettbewerb	Aufblasen einer Matratze mit 2 Öffnungen
Wind und Wolken	Das Windbaby lernt Wolken zu vertreiben	Therapeut ist Wind, Kind ist Wolke, evtl. Rollenwechsel	Nord- und Südwind machen Spaziergänge durch die Wolken, Nordwind führt, Südwind wird geführt	Nord- und Südwind spielen "Fussball" mit Wolke	Nord- und Südwind vertreiben Wolken, damit die Sonne lacht, oder treiben sich zusammen, bis es stürmt
Herbstblätter Baum im Wind (Zeitungspapier, Tuch, Hut usw.)	wie oben, nur mit Blättern oder Baum	Kind ist Baum, Therapeut Wind, Rollenwechsel	Wie oben, aber mit Bäumen (durch den Wald) oder Blättern	wie oben, mit Blättern	Nord- und Südwind säubern ihren Platz oder treiben Blätter zusammen
Der Sturm	Sturmwind lehrt sein Kind, wie man Sturm macht	Therapeut ist Sturmwind, Kind Wellen im Meer, evtl. Rollenwechsel	Sturmwind führt sein Kind über das Meer, beide spielen mit den Wellen	Nord- und Südwind spielen mit einem Schiff im Meer, treiben hin und her	Nord- und Südwind planen gemeinsam eine "Überschwemmung"
Windmühle (mit Tüchern, die geschwungen werden)	Eine Windmühle dreht, wenn sie stoppt, übernimmt die nächste die gleiche Bewegung (schnell/langsam)	Therapeut Wind, Kind Windmühle, Rollenwechsel	Eine Windmühle ist mit einer anderen verkoppelt, die Hauptmühle bestimmt den Rhythmus, die andere folgt	2 Lokomotiven sind miteinander verbunden und ziehen einander in 2 verschiedene Richtungen hin und her	
Dampflokomotive	Eine grosse Lokomotive stösst sich ein Stück vorwärts, kleine Lokomotive im gleichen Tempo nach		Grosse Lokomotive ist mit Seil (Tuch) mit dem Wagen verbunden und zieht ihn durch Hindernisse durch		

Die Stimmübungen

Bei den Stimmübungen geht es wiederum um das Prinzip, es dem Kind zu ermöglichen, neue Arten des Stimmausdrucks zu entdecken, Stimmhemmung abzubauen, die Stimme zu lockern und zu festigen. Stimmkapazität und Volumen sollen breiter werden.

Die gleiche Gehemmtheit, Schlaffheit und Enge, die wir bei stotternden Kindern bei der Atmung vorfinden, sind auch beim Stimmgebrauch zu finden; wir finden Kinder vor, die ihre Stimme nicht voll benutzen, die bremsen, pressen, würgen, hauchen. Die Stimme fliesst nicht, die Stimmkapazität wird nicht zu kommunikativen Zwecken eingesetzt.

Es geht bei diesen Übungen um Stimmfluss und Stimmausdruck, die bei gesunden, ungehemmten Kindern auf natürliche Art und Weise geschehen: Das Kind ruft, singt, lacht, schreit, ahmt nach, drückt seine Stimmungen aus, und so entwickelt sich allmählich die Stimme zu einem einzigartigen Merkmal unserer Persönlichkeit. Die Gestalttherapie und andere Therapieformen lehren uns, dem Ausdruck der Stimme als Ausdruck unserer Persönlichkeit besondere Beachtung zu schenken.

Da die logopädische Arbeit uns ermöglicht, bei der Stimme anzusetzen, können wir durch die Arbeit mit dem Ausdruck der Stimme erreichen, dass das Kind dadurch seine Ausdrucksmöglichkeiten erweitern kann. Es wird fähig, sein Sprechen durch den Stimmgebrauch zu akzentieren und zu differenzieren. Der oft überlastete Akt des Formulierens von Intentionen und Emotionen wird dadurch entlastet.

Es gilt, wie bei allen anderen Übungen in dieser Altersstufe, diese nicht im Sinn von konzentrativen, meditativen, bewussten Stimmtechniken zu gestalten, sondern als Schulung der natürlichen Stimmfunktionen "in Aktion".

Stimmübungsvorschläge, in ihrer Differenziertheit steigend

- Nachahmung: Die einfachsten Stimmübungen sind die Nachmachübungen mit der Stimme: Wir machen uns umgebende Geräusche nach: Autos, Wasser, Sirene, Summen einer Maschine. Gegenseitiges "Raten" der nachgemachten Gegenstände erhöht die Spannung und steigert die Vertrauensbeziehung. Eine "Handlung" mit Gegenständen bringt eine Steigerung mit sich: fahrendes Auto; ein Zimmer wird mit dem Staubsauger gereinigt. Wir machen Tierstimmen nach: Katzen, Hunde, Kühe, Löwen, Schafe, Fliegen, Bienen, Hühner, Frösche usw.
- Stimmungen bei Tieren: Die nächste Stufe erfordert differenzierten Stimmausdruck: Wir machen Tiere nach, die in einer besonderen Stimmung sind: hungriges Kätzlein, wütender Hund, zufriedene und unzufriedene Kuh, sich majestätisch fühlender Löwe, bettelndes Huhn usw.

- Interaktion: Die nächste Stufe bringt Interaktion zwischen zwei Tieren oder zwei Märchengestalten, was einen differenzierten, emotionellen Ausdruck von Stimme, Mimik und Gestik verlangt. Zwei Vögel begrüssen sich, eine Katzenmama gibt ihrem Jungen Spielanweisungen, ein Löwe führt seine Frau durch den Busch, zwei Bären stehlen Honig zusammen, zwei Hunde streiten sich um das Fressen. Es lassen sich auch Märchengestalten stimmlich darstellen.
- Rollenspiel:In der nächsten Stufe kann man mit dem Kind bereits ein kleines Rollenspiel ausdenken, bei dem zwei Tiere oder ein Tier und ein Mensch eine Rolle spielen, wobei nur mit Stimme, Gestik und Mimik gespielt wird: Der Hund warnt den Meister vor einem Dieb; das Huhn, das dem anderen einen Leckerbissen gestohlen hat; zwei Bären hecken zusammen einen Honigdiebstahl aus. Dabei bleiben wir in dieser Stufe nicht beim Einzelgespräch, sondern entwickeln eine Handlung.
- Stimmungen bei Menschen: Bei der nächsten Stufe geht es um den menschlichen Stimmausdruck. Wir versuchen, mit unserer Stimme verschiedene Stimmungen auszudrücken: lieb sein, Mitleid haben, Freude haben, wütend sein, wichtig tun, sich klein machen, traurig sein, nachdenklich sein, staunen usw.
- Handlungen und Interaktionen: Eine letzte Stufe ist jene Übung, die eine Handlung zwischen zwei Menschen darstellt, begleitet vom Stimmausdruck. Um diese Übungen ausführen zu können, müssen wir die vorgehende Stufe genügend geübt haben: Das Kind hat bereits gelernt, menschliche Stimmungen mit seiner Stimme auszudrücken. Bereits in dieser Phase kann es vorkommen, dass das Kind einige Silben zur Darstellung der menschlichen Sprache hinzunimmt und eine von ihm kreierte Sprache erfindet. Dies würde wahrscheinlich der Entwicklung entsprechen, die unsere Vorahnen früher durchmachten ... Wenn der Impuls vom Kind aus kommt, so wird ihm gefolgt, und so geht die Übung in die nächste Stufe über, in die Artikulation und Intonation.

Die verschiedenen Stufen zusammengefasst:

- *Nachahmen* von Geräuschen
- *Nachahmen* von Tieren
- Tierstimmen in verschiedenen *Stimmungen*
- *Interaktion* zwischen zwei Tieren
- Handlung zwischen zwei Tieren oder Märchenfiguren
- Stimmliche Darstellung von menschlichen Stimmungen
- Handlung zwischen zwei Menschen oder Märchenfiguren.

Alle Stimmübungen lassen sich auch als Kasperlespiel ausführen, und als Erweiterung und Bereicherung der Stimmübungen ist es ein gutes Mittel.

In der folgenden Tabelle findet sich eine Übersicht der verwendeten Elemente und ihrer Anwendung.

Stimmübungen

		Nachahmen von Geräuschen und Tieren	Tierstimmen in verschiedenen Stimmungen	Interaktion zwischen Tieren	Handlung zwischen Tieren	Menschlische Stimmungen	Interaktion und Handlungen zwischen Menschen
Flugzeug	Gegenstände	x					
Auto		x					
Staubsauger		x					
Wasser		x					
Wind		x					
Maschinen		x					
Musikinstrumente		x					
Sirene usw.		x					
Hund	Tiere	x	x	x	x		
Katze		x	x	x	x		
Schaf		x	x	x	x		
Löwe		x	x	x	x		
Wolf		x	x	x	x		
Vögel		x	x	x	x		
Frosch		x	x	x	x		
Hahn, Huhn		x	x	x	x		
Kuh		x	x	x	x		
Pferd		x	x	x	x		
Schwein usw.		x	x	x	x		

Fortsetzung		Nachahmen von Geräuschen und Tieren	Tierstimmen in verschiedenen Stimmungen	Interaktion zwischen Tieren	Handlung zwischen Tieren	Menschliche Stimmungen	Interaktion und Handlungen zwischen Menschen
fröhlich	**Stimmungen**		x	x	x	x	x
traurig			x	x	x	x	x
wütend			x	x	x	x	x
müde			x	x	x	x	x
ängstlich			x	x	x	x	x
zufrieden			x	x	x	x	x
herrschsüchtig			x	x	x	x	x
unterwürfig			x	x	x	x	x
erschrocken			x	x	x	x	x
überrascht			x	x	x	x	x
jauchzend usw.			x	x	x	x	x
Baby	**Menschengestalten**						x
Kleinbub und Kleinmädchen							x
Schulkind/-mädchen							x
Jüngling/Mädchen							x
Mama/Papa							x
Lehrer/-in							x
Grossvater/-mutter							x
Polizist							x
alter Mann/alte Frau							x

Fortsetzung		Nachahmen von Geräuschen u. Tieren	Tierstimmen in verschiedenen Stimmungen	Interaktion zwischen Tieren	Handlung zwischen Tieren	Menschliche Stimmungen	Interaktion und Handlungen zwischen Menschen
Geist	**Märchenfiguren**						x
Hexe/Teufel							x
Zauberer							x
König/Diener							x
Prinz/-essin							x
Aschenbrödel							x
Krokodil							x
usw.							

2.3.4. Artikulation und Intonation: Laut und Silbe – Sprachausdruck

Bei diesen Übungen geht es darum, Stimm- und Sprechfunktionen zu üben, um Lautängste zu überwinden, um den Sprechausdruck zu erweitern und zu differenzieren, um simulierte Sprechsituationen durchzustehen, ohne die eigentliche Sprechleistung hervorbringen zu müssen.

Diese Übungen enthalten alle Elemente des Sprechens: Atem, Stimme, Artikulation, Intonation, Sprechausdruck und Kommunikation. Das Kind übt den stimmlichen und artikulatorischen Ausdruck von verschiedensten Situationen und Emotionen. Es fängt mit einer einfachen Aussage an, oder mit Frage-Antwort-Situationen, und endet in einer ganzen Geschichte, die zusammen erfunden und gespielt wird. All dies geschieht in den verschiedensten Formen und "Sprachen", die aus ausgewählten Silben bestehen oder ganz frei und spontan gesprochen werden.

Als Übergang zwischen Stimm- und Silbenübung dient die "ha-ha"-Übung der Doetinchemer-Methode (Aufstellung siehe folgende Tabelle). Diese Übung stellt ein Beispiel dar, wie sich Sprechfunktionen um eine einfache Silbe anreihen und steigern, bis sich ein vollkommenes Sprachspiel bildet.

Auf diese Weise lassen sich verschiedene Silbenzusammensetzungen zu einer "Sprache" bilden. Die neuen Sprachen werden genannt:

- Bagodisch
- Gagobeisch
- Samomeisch
- Schaschisch
- Kapeti
- Deke – Deku – Daki usw.

Die "ha-ha"-Übung (aus der Doetinchemer-Methode)

Material: Gymnastikball

1. Stufe (auch als Atem- und Stimmübung):
Der Ball wird am Boden geprellt, dazu wird die Silbe "ha-ha-ha" rhythmisch mitgesprochen.

a. Der Therapeut führt dabei das Kind im Zimmer herum.
b. Das Kind führt dabei den Therapeuten im Zimmer herum.
c. Der Therapeut steigert und verlangsamt das Tempo, fährt dabei mit der Stimme hoch und tief, bei schnellerem Tempo höher und lauter, bei langsamem tiefer und leiser. Kind folgt.
d. Kind führt.
e. Ein Stimmaktivierungsspiel:

Der Ball wird 4mal am Boden gleichmässig geprellt, beim 5. Mal fest geschlagen, dazu ein lautes, ausgedehntes Haaa! gerufen (so fest wie wir geschlagen haben, so laut rufen wir). Es sieht wie folgt aus:
ha - ha - ha - ha - *haaa*! und weiter ...

Nun wird es beim 4. Mal gerufen:
ha - ha - ha - *haaa*! und weiter ...

Es wird beim 3. Mal gerufen:
ha - ha - *haaa*! ha - ha - *haaa*!

Es wird abwechslungsweise leise und laut gerufen:
ha - *haaah*! ha - *haaah*!

f. Ein Beruhigungsspiel:
Der Ball wird so fest wie möglich geschlagen, und dann lässt man ihn springen, bis zum Stillstand. Wir begleiten ihn mit der Stimme und versuchen so viel Stimme zu geben, wie der Ball noch Kraft hat, bis zum Stillstand.

2. Stufe: *Silbenspiel* (zum ganzen Sprechspiel wird der Ball im Rhythmus geprellt)

Vormachen – Nachmachen	Frage – Antwort	Abwechslungsweises Gestalten (einfache Gespräche)	ein Handlungsspiel (komplexere Situation)
– Ein Äffchen aus dem Ha-ha-Land ahmt seinen Meister nach (Das Kind ahmt jeden Laut und jede Geste nach)	– Ein fremder Ha-ha-Mensch kommt in eine neue Ha-ha-Stadt, trifft einen anderen Ha-ha-Menschen und stellt viele Fragen	– Zwei Ha-ha-Menschen treffen sich und reden über das Wetter – Zwei Ha-ha-Kinder planen einen Streich	– Ein Ha-ha-Lehrer und Ha-ha-Schüler – Der Ha-ha-Polizist und der Ha-ha-Dieb
– Wechsel: Meister wird Äffchen, Äffchen wird Meister (Kind macht vor, Therapeut nach)	Der Gefragte gibt Antwort so gut wie möglich. (Therapeut fragt, Kind antwortet)	– Ein Ha-ha-Mensch kauft vom zweiten etwas ab, sie verhandeln über den Preis	– Der Ha-ha-König und der Ha-ha-Diener
Beispiel: Meister: ha, ha haa! Äffchen: ha, ha, haa! Meister: Haaaa? ha! ha!	– Wechsel (Kind fragt, Therapeut antwortet) Beispiel: Fremder: Ha, ha ha ha, haaa? Einwohner: Ha ha haa! Fremder: Haa! Ha ha haa ha? Einwohner: Ha haa! Ha ha haah! usw.	– Zwei Hausfrauen wechseln Rezepte – Zwei Kinder organisieren eine Geburtstagsparty usw.	– Zwei streitende Kinder, jedes behauptet, gewonnen zu haben – Ein Lügner wird beim Lügen ertappt usw.

Ha-He-Hi-Ho-Hu-Hä-Hö-Hü

"ha-ha"

Als Ausbau lassen sich auch aus den Silben Ha - He - Hi - Ho - Hu - Hä - Hö - Hü eine neue Sprache "Hahaisch" bilden und alle Übungen auf die gleiche Weise ausführen.

Andere Silbenspiele (Fortsetzung)

Übung	Vormachen – Nachmachen	Frage – Antwort	Gestaltung von kleinen Handlungen
Dr. Doolittle	Polynesia lehrt den Dr. Doolittle Hündisch, - Katzisch, - Kuhisch, - Spatzisch usw.	Dr. Doolittle fragt die verschiedenen Tiere über ihre Beschwerden, die Tiere antworten	Dr. Doolittle führt Gespräche mit seinen Haustieren über die Aufteilung der Arbeit, Schlichtung von Streit usw.
Der Zauberer	Der Lehrling des Zauberers lernt Zaubersprüche (wiederholt Zaubersprüche des Meisters)	Ein Zauberer ist von einer Hexe verhext worden. Er bringt Sprüche durcheinander und muss einen anderen Zauberer nach der richtigen Zauberformel fragen	Zwei Zauberer versuchen, sich zu übertreffen, jeder kennt noch raffiniertere Zaubersprüche
Zwei Chinesen (Araber, Engländer)	Eine Chinesenmutter lehrt ihren kleinen Jungen sprechen. Arabischer Meister lehrt seinen Papagei sprechen usw.	Ein Chinese kommt in einen Spielzeugladen und fragt nach Spielzeugen und Preisen, der Verkäufer antwortet. Ein englischer Tourist fragt nach den wichtigsten Sehenswürdigkeiten, ein Passant antwortet.	Ein Chinese wird vom zweiten ausgelacht, weil er nicht so gut Fussball spielen kann. Ein ganz strenger englischer Lehrer und sein Schüler. Eine arabische Mutter erwischt ihr Kind beim Streit usw.

Anhand dieser Beispiele lassen sich noch viele Übungen aufbauen:

– Die Sprache
– Die Geheimsprache von zwei Kindern
– Die Sprache der Höhlenbewohner
– Die Morsesprache usw.

2.3.5. Wort und Reihensatz – Sich-mitteilen lernen

Das Wort

Nun sind wir bei der Semantik angelangt; dort, wo ein Wort einem Kulturkontext entspricht, wo Erfahrungsbündelungen und Anordnungen vorgenommen werden, die grössere Differenziertheiten und Abstraktionen der Kommunikation erlauben.

Dort, wo das Wort stellvertretend für eine Regung, Emotion, Geste, eine Zusammenfassung von Erlebnissen unterschiedlicher Qualität stehen soll, liegen die ersten Stolpersteine für das redeflussgestörte Kind. Wie soll es die Wörter anordnen? Welches Wort aus der Vielfalt der Assoziationen soll es auswählen? Wie soll die Intention hinter der Aussage durch das Wort zum Ausdruck kommen? Wie komme ich bei dem Zuhörer an? Und bei Störungsbewusstsein: Wie wird meine fehlerhafte Aussage ankommen?

Die Erwerbung des Wortes geschieht im jungen Alter, zusammen mit der Beziehung zur Handlung, zum Erlebten und zum Kommunikationspartner, und steht nicht abstrakt und steril da, als Wort. Zu jedem Wort gehören ein Bild oder mehrere, ein Gefühl, Geschmack, Geruch usw. eingeordnet in eine Handlung, einen Ablauf, einen Plan. Zu diesen Beziehungsinhalten des Wortes wollen wir vordringen, damit das redeflussgestörte Kind die Sprache in ihrem ganzen Mitteilungscharakter gebrauchen lernt und sich auch mit ihrer Relativität und Unzulänglichkeit versöhnt.

Wir beginnen mit der serialen Leistung: Wir teilen Assoziationen in Gruppen, verwenden Oberbegriffe, fügen Assoziationen zu ganzen Bildern, finden Synonyme und Ersatzbegriffe, suchen das Gegenteil oder das Ergänzende.

Durch diesen Vorgang durchläuft das Kind eine natürliche Phase seiner Sprachentwicklung von neuem: Aus Handlung und Spiel entstehen "sprachliche Gesten" (*Mead* 1973). Eine Bereicherung der Sprache und grössere Sprachsicherheit sind zusätzliche Ziele, die wir mit diesen Wortübungen erzielen können.

Wir können mit vereinzelten Wörtern vier verschiedene Funktionen üben:

1. die Gruppierung
2. das Assoziationsvermögen
3. die Gefühlsbeziehung zum Wort
4. die Interaktion.

In folgender Tabelle finden sich Vorschläge für Übungen, nach den vier Funktionen eingeteilt. Bei den Reihensätzen gehen wir, wie beim Wort, von allgemeiner Gruppierung und Aufzählungen zu persönlicheren Aussagen. Denn oft fängt die Störung dort an, wo Gefühlsinhalte und Emotionen, zum Teil auch widersprüchliche, durch die Sprache einen Kanal zum Zuhörer finden soll. Genau dort wollen wir die Sprechfähigkeit sorgfältig aufbauen.

Wortübungen

Thema	Material und Ausführung (verschiedene Vorschläge)	Funktion			
		Gruppierung	Assoziation	Gefühlsbeziehung	Interaktion
"Das Therapiezimmer"	Ball hin und her einander zuwerfen	Gegenstände im Zimmer nach *Grösse*, *Farbe*, *Form* suchen und aufzählen	Was man wohl im Zimmer für Tätigkeiten ausführen könnte?	Was gefällt mir da im Zimmer *am besten*? Was *am wenigsten*?	Was werde ich vor dir alles verstecken oder "wegzaubern" hier im Zimmer? (kann später ausgeführt werden)
"Die Jahreszeiten"	Reifen hin und her einander zurollen	Was gehört alles zum Winter? (Sommer, Herbst, Frühling)	Was kann man im Winter alles machen?	Was habe ich *gerne* im Winter? Was *nicht?* Was finde ich *schöner? hässlicher?*	Wir bauen einen (imaginären) Schneemann zusammen. Was bringt jeder mit? (abwechslungsweise) – Wir veranstalten einen Skiausflug, was bringt jeder mit?
"Die Schule"	Reifen, die verstreut im Zimmer liegen. Für jedes Wort tritt man auf die "Insel" = Reifen	– Sachen, die ich in der Schule lerne – Spiele, die man in der Pause spielen kann – Gegenstände, die ich für den Unterricht benötige	Wie sähe das schönste Schulzimmer aus? – Was enthält der schönste Pausenplatz? – Was kann der beste Lehrer? – Was kann der beste Schüler?	Was liebe ich am meisten in der Schule? Was einigermassen? Was gefällt mir gar nicht? – Welche Fächer würde ich abschaffen? Welche einführen?	Wir bauen eine imaginäre "tolle" Schule. Welche Sachen brauchen wir dazu? – Wir erfinden "automatische" lustige Hilfsmittel für die Schule

Thema	Material und Ausführung (verschiedene Vorschläge)	Funktion			
		Gruppierung	Assoziation	Gefühlsbeziehung	Interaktion
"Ferien"	Sitzend, zu jedem Wort Ball einander zurollen	Welche verschiedenen Ferien und freie Tage gibt es? – Was macht man in den Ferien, was macht man nicht?	Welche Spiele gehören zu Ferien? – Was würde ich in die Ferien mitnehmen? – Was gibt es: Am Meer? In den Bergen? Wüste? Schneeberge?	Was mache ich am liebsten in den Ferien? – Was würde ich nie in den Ferien machen wollen? – Was gehört zu den schönsten Ferien? Was könnte die Ferien verderben?	Wir planen eine Ferienreise: Zum Nordpol, Südseeinseln, Schiffsreise – Ich mache Ferienvorschläge, und du willst immer das Gegenteil. Einigen wir uns zum Schluss? (Beispiel: "Meer"–"Berge", "Sand"–"Schnee", "Schiffsreise"–Flugzeugreise" usw.
"Essen"	"Marktstand", mit Körben und Steinchen oder Bauklötzen. Für jedes Wort legen wir einen Stein in den oder aus dem Korb	– Früchte – Gemüse – Fleischgerichte – Glacésorten usw.	– Wenn ich Marktverkäufer wäre, was hätte ich verkauft? – Wenn ich Koch wäre, welche Gerichte würde ich kochen?	– Esswaren nennen Vom Gesichtsausdruck bei der Aussage muss der andere raten, wie beliebt die Speise ist. – Ein Lieblingskorb und ein Wegwerfkorb stehen bereit. Wir sortieren Esswaren in beide Körbe	Wir erfinden komische Suppen, "Salate" und "Kuchen" (z.B. "Vergissmeinnichtsuppe", "Heuschreckensalat", "Elefantenkuchen") – Einer von uns ist Kellner, der andere verwöhnt Kunden. Der Kellner setzt Speisen vor, Kunde möchte das Gegenteil

Thema	Material und Ausführung (verschiedene Vorschläge)	Funktion			
		Gruppierung	Assoziation	Gefühlsbeziehung	Interaktion
andere Themen: "Stadt" "Dorf" "Garten" "Schiff" "Auto"	andere Übungsmöglichkeiten: Stöcke am Boden, Tücher als Inseln, kleine Kugeln rollen (ein Gegenstand, der ein Wort symbolisiert, und Bewegung beim Sprechen des Wortes; entweder bewegen wir uns zum Gegenstand beim Sprechen, oder bewegen den Gegenstand selbst)	Alle Aufzählungen, Oberbegriffe, Ordnen von Wörtern	Phantasien um einen Oberbegriff, Ausbau, Beschreibungen, Ausführungen	"Farbe bekennen" – Ausdruck von negativen, positiven oder ambivalenten Gefühlen	Handlung und kommunikative Interaktion: etwas aufbauen, sich finden, streiten, "lügen", diskutieren usw.

Der Zauberer des Wortes: Übung

Die ersten Worte des Kindes sind gar keine Worte, sondern magische Zauberformeln – sagt *Fraiberg* (1972) und inspirierte mich für ein Spiel, das mir erlaubt, das Kind der "Wortwelt" mit einer neuen Haltung begegnen zu lassen: das Zaubern.

Material: Ball, Reifen oder Papierflugzeug
Regel: Der Zauberkraft des Wortes gilt nur, wenn der Ball abgeschickt worden ist (eine versteckte Sprechtechnik).

1. Instruktion: Für die nächste Übung brauchen wir viel Platz; *wir zaubern das Zimmer leer (*abwechslungsweise werden Gegenstände im Raum genannt, während der Ball hin- und hergeschickt wird, mit einem Geräusch und entsprechender Gestik wird das "Verschwinden" des Gegenstandes markiert).

2. Danach markieren wir mit einem Seil "eine Bühne", "ein Zauberort" (z.B. ein Zauberschloss). (Vgl. *Katz-Bernstein* 1990)

3. Dann wird *"ein Bild" hergezaubert* (Ball geht hin und her, jeder nennt einen Gegenstand, lässt ihn "herbeifliegen" und plaziert ihn mit der entsprechenden Geste ins Bild).

4. Wir *"springen ins Bild"* und handeln mit den Gegenständen ohne Sprache.

5. Wenn es "zwölf schlägt" (Gong), müssen wir aus dem Bild gehen. Wir setzen uns hin und *erzählen einander, was wir gemacht haben.*

Themen für "Zauberbilder":

- Zauberschloss – Zaubergarten – Schlaraffenland
- Zauberhöhle – geheimnisvolles Raumschiff
- Schiff – Riesenjahrmarkt – Königspalast
- Räuberhöhle – Urwald – Zoo usw.

Der Reihensatz

Die Wortübungen sollten als logische Folge in die Reihenübungen übergehen.

Schon bei den Wortübungen entsteht oft das Bedürfnis beim Kind, seine Wörter zu "kleiden", um den Ausdruck zu differenzieren, zu unterstreichen und zu verstärken. Das ist der natürliche Übergang zum Reihensatz!

Mit dem Reihensatz sollen Sprechmuster, begleitet von Bewegungsfluss, als sinnvolle Aussagen einer Handlung neu aufgebaut werden. Dort, wo morphologisch-grammatikalische Unsicherheiten und Unflüssigkeiten sich befinden, sollen neue Bausteine der Form und des Rhythmus eine Sicherheit vermitteln, unterstützt mit visuellen, anditiven und Bewegungssignalen.

Ein Reihensatz besteht aus einem festbleibenden Teil und einem variablen Teil. Der feste Teil gibt dem Kind Halt und Form, Basis für ein Gespräch, für die Mitteilung, für die Ordnung des Denkens und die Sprechsicherheit. Der offene Teil bietet ein Stück selbständiges Denken, Entscheiden, Sprechen, ein Stück Kreativität, dem selbständiges Formulieren, Sprechen und Handeln zugrunde liegen.

Diese Übungsphase hat sich in der Praxis als eine vom Kind beliebte Übungsreihe erwiesen. Es fühlt sich nicht überfordert und lernt doch, kreativ zu sein.

Die Reihensatzübungen begleiten das Kind vom Anfang bis zum Schluss der Therapie. Nur der Schweregrad steigt.

Alle Wortübungen eignen sich auch als Reihensatzübungen, wenn wir aus den Oberbegriffen, Gruppen oder Situationen einen Satzanfang machen. Auch hier gilt es, die Sätze in der Bewegung zu sprechen und in der Kommunikation, abwechslungsweise Therapeut-Kind.

In folgender Tabelle sind Reihensatzübungen zusammengestellt, die zunächst allgemeine Aussagen, Aufzählungen und Beschreibungen darstellen, bis zu persönlicheren Aussagen über Vorliebe und Abneigung, positive und negative Gefühle, Wünsche und Phantasien.

In diesen Übungen ist auch die "Lügenübung" enthalten, die einer Erklärung bedarf: Das Kind wird aufgefordert, die umgekehrte Beschreibung für Dinge zu geben, als sie wirklich sind, wobei Gesicht und Gestik in die falsche Aussage miteinzubeziehen sind. Diese Übungen sind lustvoll und heiter für die Kinder. Sie fordern die Phantasie, lockern und relativieren die Sprache, bilden beim Kind einen Sinn für Humor. Das Kind erlebt dadurch eine neue Dimension der Sprache, die auch bei Erwachsenen für die Seelenhygiene wichtig ist und für einen redeflussgestörten Menschen das Tor zur Therapie bieten kann! Die Sprache ist etwas sehr sehr Relatives ... Humor bietet Abstand und neue kommunikative Perspektiven dadurch, dass er die Ernsthaftigkeit der gegenwärtigen Kommunikationen entschärft: Wir verständigen uns, indem wir uns im Wissen um die Relativität des Aussagens verbünden ...

Regeln:

- Für die Reihensatzübung wird als fester Teil durch Reifen, Stöcke und Seile am Boden ein Weg gestaltet, den das Kind beim Sprechen beschreitet. Der variable Teil wird durch einen farbigen, grösseren Reifen signalisiert und bei grösserem Satzgebilde durch eine "Seilinsel" gekennzeichnet.

- Den Weg beschreiten wir abwechslungsweise: Mach deine Aussage, es folgt meine usw. Dabei werden Dialogregeln als Ritual festgelegt, das Hin und Her des Dialogs, der verbale Austausch.
  Wir können jedoch zwei Wege am Boden legen und zwei Positionen beziehen: Du bist das "freche Kind" und ich bin das "brave", du zählst auf, was dein Kind alles macht, und ich das, was meines macht. Mimik und Gestik dazu machen die Übung lustvoller und bieten einen Ansatz für ein späteres Rollenspiel, wo ein "freches" und ein "braves Kind" miteinander über die Vorteile ihrer Verhaltensweisen diskutieren.

- Wir gehen vom Leichten und Einfachen zum Komplexen. Zunächst besteht der variable Teil aus einem einzigen Wort: "Ich kann gut – ". Besonders bei polternden Kindern ist diese Reduktion der Komplexität vom Denken-Sprechen wichtig, um Selbstüberforderungstendenzen abzubauen. Ein Satz wie "Wenn ich ein Zauberer wäre ..." bietet einen längeren variablen Teil, der mehr Gedankenordnen, Planen und sprechmotorische Leistungen verlangt.

- Eine ähnliche Hierarchie besteht in der emotionalen oder thematischen Leistung: "Im Zoo gibt es –" ist sowohl thematisch wie emotionell eine einfache Leistung, verglichen mit dem Satz "Manchmal möchte ich –".

Reihensatzübungen

Allgemeine Aufzählungen mit Adjektiven, negativ-positiv	
schön-hässlich	*Was ist alles schön?* "Schöner Baum", "schöne Lampe" *Was ist alles hässlich?* "Hässlicher Papierkorb", "hässliche Farben"
gross-klein	*Was ist hier gross? Was ist hier klein?* "Grosses Zimmer", "kleine Fliege" *Lügen:* (umgekehrte Aussagen mit entsprechenden Bewegungen) "Riesengrosse Fliege", "winziger Elefant"
gut-schlecht	*Was ist gut zu essen? Was ist schlecht zu essen?* "gute Erdbeeren", "schlechter Fliegenpilz" *Lügen:* "Gute Vogelbeeren", "schlechte Eiscrème" usw.
	Wer ist gut? Wer ist schlecht? "Gute Grossmutter", "schlechter Räuber" *Lügen:* "Schlechter Polizist", "gutes Krokodil"

Aufzählungen mit "man", positiv-negativ, von Umwelt bis zum Mensch und emotionelle Aussage	positiv	negativ
Umwelt	– in der Schule tut man ... – in der Pause tut man ... – Im Zoo gibt es ... – In der Stadt gibt es – In den Ferien tut man ... – Im Lebensmittelladen kauft man ... – Im Winter kann man ... – Im Sommer (usw.) kann man ...	– tut man nicht ... – tut man nicht ... – gibt es keine ... – gibt es keine ... – tut man nicht ... – kauft man keine ... – kann man nicht ... – kann man nicht ...
Märchen-/Menschengestalten	– Tiere brauchen ... – Kinder brauchen ... – Babies brauchen ... – Frauen brauchen ... – Männer brauchen ... – Könige (Hexen, Prinzen, Zauberer, Krokodile, Feen, Riesen, Zwerge usw.) brauchen ...	– brauchen keine ... – brauchen keine ... – brauchen keine ... – brauchen keine – brauchen keine ... – brauchen keine ...
emotionelle Aussagen	– Kinder wollen immer ... – Der bravste Junge tut oft ... – Der frechste Junge tut oft ... – Mutter (Vater) tut oft ... – Der Lehrer tut oft ... – Räuber tun oft ... – Der liebste Mensch auf der Welt ist ... – Der böse Mensch ist oft ...	– wollen nie ... – tut nie ... – tut nie ... – tut nie ... – tut nie ... – tun nie ... – der liebste Mensch auf der Welt ist nicht ... – Der böse Mensch ist nie ...

Reihensatzübungen (Fortsetzung)

Wer bin ich?	persönliche Aussagen *Was bin ich?* – "Ich bin gross" – "Ich bin gescheit" – "Ich bin ein Kind" *Lügen:* – "Ich bin ein König"	positiv – negativ – "einigermassen" *Was bin ich nicht?* – "Ich bin nicht klein" – "Ich bin nicht dumm" – "Ich bin kein Erwachsener" – "Ich bin der stärkste Mann der Welt"
Was kann ich? Was tue ich gerne und nicht gerne?	*Was kann ich gut?* – "Ich kann schwimmen" *Lügen:* – "Ich kann fliegen" *Was habe ich?* *Was tue ich gerne?* *Am liebsten tue ich ...*	*Was kann ich nicht gut?* – "Ich kann nicht autofahren" usw. – "Ich kann nicht sprechen" *Was habe ich nicht?* – *Lügen* *Was tue ich nicht gerne?* – *Lügen* *Am wenigsten gerne tue ich* – *Lügen*
Wünsche und Phantasien	– Wenn ich brav bin, tue ich ... – Wenn ich frech bin, tue ich ... – Wenn ich mal gross bin, würde ich ... – Als Zauberer würde ich oft ... – Als Hexe würde ich oft – Ich wünsche mir ... – Mein grösster Wunsch ... – Manchmal möchte ich gerne ... – Ich hätte gerne gewusst ...	– Wenn ich brav bin, tue ich nie ... – Wenn ich frech bin, tue ich nie ... – Wenn ich mal gross bin, würde ich nie ... – Als Zauberer würde ich nie ... – Als Hexe würde ich nie ... – Ich wünsche mir nicht ... – Mein kleinster Wunsch ... – Manchmal möchte ich nicht ... – Es interessiert mich nicht ...

2.3.6. Sätze: Gemeinsames Gestalten

Die Sätze setzen gegenüber den Reihensätzen eine grössere Selbständigkeit voraus: Der Anfang des Satzes ist nicht angegeben. Das Kind muss den Inhalt in kleine Einheiten ordnen, den Satz alleine formulieren, die Länge bestimmen.

Um diese Leistung zu erleichtern, muss das Kind sich allmählich daran gewöhnen, Schritt für Schritt. Deshalb beschränken wir den Satz und geben dem Kind zunächst Anhaltspunkte:

1. ein eng umschriebenes Thema
2. ein Signal für die Länge des Satzes.

Die zwei anderen Regeln, die für alle Übungen gelten, gelten ebenso hier:

- *Die Übungen geschehen in der Kommunikation mit dem Therapeuten als gemeinsames Gestalten.* Auch der Therapeut trägt seinen Teil zum Thema bei. Dadurch hat das Kind ein Modell, lernt zuzuhören und erfährt eine Vertrauensbeziehung. Es lernt, was es bedeutet, sich gegenseitig mitzuteilen, gemeinsam zu gestalten und als Partner zu handeln.

- *Die Sätze geschehen in Bewegung oder Handlung*: Das Erlebnis ist der beste Lerneffekt, und die Sprache, die eine Handlung begleitet, ist viel leichter zu erfassen als die abstrakte. Auch bei abstrakter Sprache liegen in der Bewegung, Gestik und Mimik Mitteilungselemente, die die Sprache zum "Fliessen" bringen, lebendig machen und wie eine Sprechtechnik (die ja oft mit Bewegungen verschiedener Art begleitet ist) über das Stottern hinweg helfen.

Themenvorschläge für Satzübungen mit Handlungen

- Eine gemeinsame Reise organisieren
- Einen tollen Spielplatz errichten
- Ein Schiff beladen für eine lange Reise
- Eine Zirkusvorstellung organisieren
- Eine Geburtstagseinladung organisieren
- Ein Zauberschloss bauen
- Sich ein Schlaraffenland ausmalen
- Sich das schönste Zimmer einrichten
- Einen Zoo errichten
- Eine Wunderstadt aufbauen
- Einen Bauernhof aufbauen
- Einen Musikladen aufmachen
- Eine Bäckerei, Metzgerei, einen Marktstand, ein Lebensmittelgeschäft einrichten

- Eine Schuhmacherei, Buchbinderei, ein Blumengeschäft, eine Schneiderei, Boutique, einen Spielwarenladen eröffnen
- Picknicken gehen
- Zelten gehen
- Einen Garten gestalten und bepflanzen
- Geschenke für Weihnachten vorbereiten
- Eier für Ostern werden an verschiedenen Orten versteckt.

Die Handlungsübungen können auf verschiedene Weise geschehen:

- Es können Spielfiguren und Materialien (Tiere, Möbel, Verkäuferladen usw.) aufgestellt (ein Element jedes Mal) und die Sätze dazu gesprochen werden, abwechslungsweise Therapeut und Kind.
- Es kann zunächst aus einfachen Elementen ein "Laden", Zoo usw. aufgestellt werden, ohne zu sprechen. Wenn die "Kreation" aufgestellt ist, beschreibt jeder, Schritt für Schritt, was er aufgestellt hat.
- Es kann zunächst ein gemeinsames Bild über ein Thema ("Zoo", "Zirkus", "Picknick") gemalt und danach Einzelheiten erklärt und besprochen werden (besonders gut als Übung zur Spontansprache).
- Die Sätze können ohne Material, jedoch mimisch dargestellt werden, den Satz begleitend.

Die gemeinsame Satzgeschichte

Bei der gemeinsamen Geschichte kommen wir schon nahe an die Spontansprache heran: Das Kind schöpft aus seinen Gedanken und Phantasien, ordnet, formuliert und bestimmt die Länge. Doch bieten wir dem Kind noch eine Stütze, die bei der Spontansprache wegfallen wird; wir haben ein umschriebenes Thema (die Geschichte), und die Länge des Satzes ist limitiert: Ein Reifen (stehend) oder ein Ball (sitzend) wird hin- und hergerollt. Solange sie rollen, darf der eine sprechen und sollte möglichst mit seinem Satz fertig sein, wenn der andere den Reifen erhält. Dann wechselt der Besitzer, der neue Besitzer bringt den Reifen oder Ball ins Rollen und spricht den nächsten Satz, der die Geschichte fortsetzt.

Die Bewegung des Reifens (Ball) ist *eine Abwandlung der Sprechtechnik der Doetinchemer-Methode*:

- Der Anlauf – die Einatmung
- Das Rollen des Reifens – die Sprechwelle
- Das Stoppen des Reifens – das Stoppen und Loslassen

Man gibt dem Kind die Anweisung:

"Jetzt erzählen wir zusammen eine Geschichte über ... Jeder erzählt einen Satz. Man darf so lange erzählen, wie der Reifen rollt. Sobald der zweite ihn berührt, ist die Zeit vorbei, und der andere ist dran. Wir sollten versuchen, einen Satz fertig zu machen. Wenn der Satz aber länger ist, kann auch der andere den Satz fertig erzählen."

Falls das Kind nicht von sich aus ruhig und genügend einatmet und vor der Bewegung zu sprechen beginnt, sagen wir: "Wir dürfen nicht vergessen: Die Geschichte kann erst erzählt werden, wenn der Reifen rollt, erst dann und nur so lange" ("sonst könnte man ja mogeln ...").

Themen für gemeinsames Satzgestalten:

Dazu können alle Themen verwendet werden, die in den Satzübungen erwähnt wurden. Sehr beliebte Geschichten sind Märchen oder Geschichten über Stimmungen und Probleme des Kindes:

- Der traurige Riese
- Der lustige Zwerg
- Die Prinzessin, die sich im Wald verirrte
- Das verlorene Zauberbuch
- Die Hexe, die das Hexen verlernte
- Das müde Krokodil
- Der Diener, der ein König wurde
- Das Geheimnis des hässlichen Raben
- Die verzauberte Prinzessin
- Der Bär, der Honig stiehlt usw.
- Das Kind, das nie gehorchen wollte
- Das Kind, das keine Freunde hatte
- Das Kind, das immer alles besser wusste
- Das Kind, das einen Zauberring erhält, der seine Wünsche erfüllt
- Das Kind, das nie lachte
- Das Kind, das einen grossen Hunger hatte
- Das Kind, das von zuhause weglief
- Das Kind, das alle auslachten usw.

Es scheint mir wichtig zu erwähnen, dass es nicht nötig ist, die Geschichte zu interpretieren, psychologische Rückschlüsse zu ziehen usw.

Als Logopäde sind wir für Sprache und Sprachausdruck zuständig, und das Kind übt und lernt die Sprache als Kommunikation und Ausdrucksmittel zu benützen, und dies sollte das Ziel unserer Übungen sein.

2.3.7. Spontansprache: Eigeninitiative, Freude am Mitteilen und an der Sprache

Der Name "Spontansprache" verrät die Art der Übung. Die Sprache entsteht aus eigener Initiative und spontanem Geschehen.

Oft fällt es uns als Logopäden gar nicht ein, eine Übung einzuschalten, bei der vom Kind her etwas entsteht. Wir sind eher daran gewöhnt, zu leiten, lehren, üben, auf ein Ziel hinzuarbeiten. Es gibt jedoch ein wichtiges Ziel in der Stottertherapie, das nicht als "Arbeit", sondern als "Geschehen lassen", "Selbstinitiative entfalten" zu bezeichnen ist: ein Spielraum, in den das Kind seine eigenen Wünsche, Ideen und Formulierungen bringen kann. Es ist ein freies Spielen in eine limitierte Richtung, das mit Sprechen und Kommunizieren begleitet wird. Es ist keine Spieltherapie, da das Ziel die Sprache und das Mitteilen ist. Auch wenn das Kind es vorzieht, spielend und schweigend die limitierte Zeit zu benützen, kann dann das nächste Mal ein Gespräch darüber folgen.

Eine solche Übung kann folgendermassen eingeführt werden:

Die Übung	"In den letzten fünfzehn bis zwanzig Minuten der Stunde hast du Zeit, dir eine Übung selber auszudenken, ich werde sie gerne mit dir ausführen." Das Kind formuliert die Übung, die Spielregeln, führt aus und erklärt.
Das Spiel	"Nun hast du Zeit (15 - 20 Minuten), in der du bestimmst, womit wir spielen sollen" (es wird auf eine beschränkte Auswahl von Spielen und Materialien hingewiesen). Das Kind wählt das Spiel, organisiert es, erklärt und leitet.
Das Gespräch	"Am Schluss der Stunde haben wir nun Zeit für ein Gespräch über etwas, das dich interessieren würde, dabei kannst du erzählen, fragen, oder ich kann dir darüber erzählen, was ich darüber weiss und denke." Weiss das Kind zunächst nicht, über was es sprechen soll, sagen wir: "Wir müssen natürlich zunächst zusammen herausfinden, was dich interessiert" – und das Gesprächsthema ist dabei gegeben. Auch wenn es zunächst vorwiegend den Charakter von Frage-Antwort annimmt, so ist es ein Anfang für ein selbständiges Gespräch. Beim nächsten Mal könnten wir ja zusammen herausfinden, wofür ich mich interessiere!
Die Geschichte	"Es bleibt jetzt noch Zeit für dich. Wie wäre es, wenn du eine kleine Geschichte erfinden würdest? Ich könnte sie aufschreiben, und wenn es dir Spass macht, kannst du die nächste Woche nochmals eine erfinden, und so hätten wir am Schluss eine Sammlung von eigenen Geschichten." Vielleicht bringen wir es zustande, dass das Kind eine Geschichte mit Folgen kreiert über die Abenteuer eines Kindes oder Tieres oder von Märchenfiguren.

Kasperle-spiele	"Es bleibt dir nun Zeit, in welcher du etwas selber machen darfst. Wie wäre es, wenn du eine kleine Kasperlegeschichte erzählen würdest?" Wenn nötig: – "Welche Figuren könntest du brauchen?" – "Brauchst du mich dazu? Was soll ich spielen?"
Rollen-spiel	Für die nächste Übung kommt uns ein Rollenspielkurs zugute: "Wie wäre es, wenn wir am Schluss etwas spielen würden, was diese Woche in der Schule passiert ist?" "Wie wäre es, wenn wir ein Gespräch (zwischen Märchenfiguren) spielen würden?" (eine beschränkte Auswahl wird vorgelegt). "Wen möchtest du spielen? Welche Rolle soll ich übernehmen?"
kreative Materialien	"Nun hast du Zeit, um etwas zu malen" (tonen, basteln, musizieren). Dabei wird gesprochen, geplaudert, über Belangloses oder über die Kreation selbst. usw.

Unsere Aufgabe besteht bei der Spontansprache darin,
1. eine Handlungsrichtung vorzuschlagen;
2. Spiel- und Gesprächspartner zu sein und dabei zu versuchen, dem Kind die Führung zu überlassen, ohne es zu überfordern;
3. die Zeit zu limitieren, Grenzen zu setzen und den Schluss der Stunde zu bestimmen.

Die Leistung des Kindes in der Spontansprache:
1. Zeit, Raum, sich und den Kommunikationspartner, nach seiner Vorstellung und Regie, in eine Handlung einmündend zueinander in Beziehung setzen.
2. Die Sprache als begleitendes oder planendes Hilfsmittel gebrauchen.
3. Die Sprache als verarbeitendes-ordnendes Mittel danach gebrauchen lernen.

2.3.8. Das Zusammenstellen einer Lektion

Die logopädische Lektion für stotternde Kinder ist für eine Dauer von ca. 45 bis 50 Minuten gedacht: Für Atem-, Stimm-, Silben-, Satz-, Wort-, Reihensatz- und Satzübungen 25 Minuten, für Spontansprachspiele 15 bis 25 Minuten.

Für den Aufbau der Lektionen über eine längere Zeit hindurch sollte prinzipiell Element für Element integriert und vom Ursprünglichen zum Komplexeren übergegangen werden. Zunächst Atem- und Stimmübungen, dann Laut- und Silbenübungen, Wort- und Reihensatz und Satzübungen. In der praktischen Arbeit jedoch sollten wir die Übungen "idiographisch" (*Motsch* 1979) dem Bedürfnis des Kindes anpassen. Die Frage: "Was fehlt? Was sollte geübt werden?" sollte den Leitfaden für die Therapie geben. Mit einem stimmgehemmten Kind werden wir ausgedehnte Stimmübungen ausführen, bei einem wortschatzarmen Kind viele Wortgruppierungs- und Wortaufzählungsübungen, bei einem scheuen Kind viele Negativ-Positiv-Reihensatzübungen, bei einem unorganisierten Polterer viele Reihenzahlübungen mit deutlicher Limite der Wörterzahl.

Prinzipiell werden ausser den Spontansprachübungen, je nach Stand und Bedarf, zwei Elemente in einer Lektion geübt, die möglichst (jedoch kein Muss) durch ein gemeinsames Thema verbunden sind. Für jedes Element rechnen wir 10 bis15 Minuten.

Das Schema beinhaltet:

Zeit	*Übung*	*Thema*
5 - 10 Minuten	Atemübung	
10 - 15 Minuten	Silbenübung	
15 - 20 Minuten	Spontansprache	(z.B. Kasperlespielen)

Hat ein Kind eine Entwicklung gezeigt, z.B. dass es einen grösseren Stimmausdruck erworben hat, kann der Schwerpunkt der Übungen auf die nächste Stufe verlegt werden: auf die Silbenübungen. Dabei sind die Übungen sowohl voneinander abhängend in steigerndem Sinn zu üben als auch als einzelne Elemente über die ganze Therapie hindurch zu integrieren, wie Atemübungen.

Folgende Lektionsbeispiele, die von den Studentinnen der Schweizerischen Arbeitsgemeinschaft für Logopädie, Jahrgang 1980, zusammengestellt wurden, sollten den Lektionsaufbau veranschaulichen (siehe Anhang, 3.2.).

2.3.9. Probleme, die beim Üben auftauchen können

– Das Kind stottert während einer Übung:
  Stottern ist prinzipiell erlaubt und ist kein Tabu. Das Ziel ist der Ausdruck und die Ausdrucksschulung, das Mitteilen, die Kommunikation; dazu gehört es manchmal, wenn z.B. das Thema aufregend ist, dass das Kind stottert. Dennoch kann es heissen, dass das Kind in dieser spezifischen Stufe überfor-

dert ist: Man könnte versuchen, eine ähnliche Übung in einer vorangehenden Stufe auszuführen.

In der Spontansprache wird das Kind meistens (noch) stottern, und dies nehmen wir in Kauf. Wir wollen ja die Selbstinitiative und Freude am Mitteilen fördern, und nehmen dabei an, dass, je mehr die neuen Sprachkompetenzen vom Kind erlebt und durchexerziert werden, sein Stottern sich von alleine zurückentwickeln wird.

- Das Kind übt nicht gerne, macht alles ohne Freude:
  Es muss gesagt werden: Manchmal muss etwas Lustloses durchgestanden werden, bis das Kind an einer Übung seine Freude entdeckt. Manchmal muss ein Kind zuerst Vertrauen gewinnen, manchmal sagt ihm erst das zweite oder dritte Thema zu, oder die Form der Übung macht ihm Mühe.

  Es könnte aber auch sein, dass eine andere Störung existiert: Haben wir das Kind mit der Übung überfordert? In diesem Falle kann es kaum falsch sein, eine Übung zu vereinfachen oder auf die "primäre Kommunikation" zurückzugehen. Oder umgekehrt: Das Kind hat gegenüber nicht-verbalen Übungen eine Abneigung und muss zunächst dazu ein wenig "verführt" werden. Spüren wir jedoch über eine längere Zeit, dass wir nicht an das Kind herankommen, müssten wir uns fragen, ob es von der Stunde trotzdem profitiert, wenn auch nicht in einem direkten Zusammenhang mit den Übungen. Auf jeden Fall müsste untersucht werden, ob das Kind unter einer anderen Störung leidet, die seine Kommunikationsfähigkeit beeinträchtigt. Vielleicht müsste sein Problem zunächst oder auch parallel psychotherapeutisch angegangen werden, vielleicht ist eine zusätzliche psychomotorische Therapie oder Bewegungstherapie angezeigt.

- Das Kind wird übermütig, überbordet, wird gar aggressiv:
  Die Frage der Grenzen wurde auch im Kapitel 2.1.3. besprochen. Es ist nicht schlimm, wenn ein Kind bei einer Stimmübung in Freudengeschrei ausbricht. Das muss auch ausprobiert werden! Die Frage ist nunmehr die der eigenen Grenzen: Fühle ich mich nicht mehr wohl, fühle ich mich überfordert oder verunsichert, so hat das Kind bei mir eine Grenze erreicht. Dazu benutze ich ein einfaches Mittel: das Stoppen (aus der Doetinchemer-Methode). Das Wort "Stopp!" steht zum Schutz da, um etwas zu unterbrechen, das nicht in richtigen Bahnen geht. Es ist ein Signal, das konsequent eingehalten werden muss und zum Unterbrechen der Handlung und zur Besinnung ruft: "Das geht nicht. Warum nicht? Wie ja? Wie ändern wir das?"... Daraus kann ein Gespräch entstehen, das lehrreich ist: Das Kind möchte und soll unsere Grenzen spüren, sich mit ihnen auseinandersetzen und sie in die Kommunikation mit uns integrieren.

Fühlen wir uns verunsichert einem aggressiven Kind gegenüber, wäre eine Beratung ratsam oder eine Supervision, damit wir spüren, wo das Problem liegt. Vielleicht ist es auch nötig, das Kind zu überweisen.

Die Frage der Grenzen ist eine sehr persönliche und anschauungsbezogene Frage, die jedem pädagogisch und therapeutisch Tätigen vertraut ist. Vielleicht liegt in der Beziehung mit dem Kind eine persönliche Chance und Motivation, sich mit dieser Frage zu befassen und eigene Lösungen zu erarbeiten.

2.3.10. Zusammenfassung

In diesem Buch habe ich versucht, ein Modell vorzustellen, das logopädische Übungen für stotternde Kinder enthält, die den Ausdruck, die Sprechfähigkeit und Sprechfreudigkeit fördern und den kommunikativen Bereich der Sprache hervorheben und berücksichtigen.

Es ist mir bewusst, dass hier keine bewusste Sprechtechnik angeboten wird. Da es sich in der Praxis in diesem Alter als schwierig erwies, eine solche Sprechtechnik zu vermitteln, habe ich von einer anderen Richtung her den Versuch unternommen, gesunde, vorhandene Sprechelemente und Sprechfunktionen zu üben, zu stärken und im Spiel neue Dialogmuster aufzubauen. Dabei sind Atem und Stimme, Mimik und Gestik und andere kommunikative Mittel miteinbezogen und werden spielerisch auf immer differenziertere Lebens- und Gefühlssituationen übertragen. Auch wird hier das Prinzip verfolgt, vom Konkreten und Sinnlich-wahrnehmbaren auszugehen und sprachlich-abstrakte Elemente darauf aufzubauen. Es scheint mir, dass all diese Aspekte der Sprache zugehören und damit durch die Berufsgruppe "Logopädie" ausführbar sind. Auch wenn die Psychologie und die Psychotherapeutik Kenntnisse unserer Arbeit erweitern und vertiefen können, scheint mir die Arbeit an der Sprache beim Logopäden zu liegen.

In dieser Arbeit habe ich versucht, viele kreative Möglichkeiten des Logopäden aufzuzeigen. Es liegt im Prinzip dieses Buches, das Modell als Vorschlag und Betrachtungsweise zu benützen, um dann den persönlichen Stil im therapeutischen Zugang zu stotternden Kindern zu finden. Denn ohne einen solchen Freiraum zur eigenen Gestaltung der Therapie können wir auch dem Kind keinen bieten. Dieser Freiraum ist jedoch der Weg zur Eigeninitiative und zur Selbständigkeit der Sprache und damit der Weg zur Gesundung.

3. Anhang

Übungskonzept für stotternde Kinder

	Sprachelement / Mittel	Primäre Kommunikation	Atem und Stimme	Laut und Silbe	Wort und Reihensatz	Satz	Spontansprache
Körper	Hände, Beine Rumpf Kopf, Mund, Gesicht						
Rhythmik	Ball Tücher Reif Seil						
Musik	Trommel Rassel Flöte, Pfeife Klavier, Xylophon						
Form und Farbe	Ton, Knetmasse Mal-, Farbstifte Klötze Stäbe						
Spiel	Handpuppen Puppenhaus, Stall Kinderzelt, Hütte Rollenspiel						

N. Katz-Bernstein

Lektionsbeispiel – **Thema: Sommer**

	Material:	Lektion	Ziel
Einstimmung:	Reifen als Blumen im Raum verteilen	Kind als Biene im Raum auf und ab, summend auf Blume setzen, in Vokal übergehen (also un < a) – versch. Laut – versch. Rhythmus	Stimme
Lektion		Erweiterung der oberen Übung: auf Blume atmet Biene auch den Duft ein (Saugeatmung – A – O etc.)	Atem
	Ball und Reifen	– Kind mit Ball im Reifen prellen: Ha-ha	Atem/Stimme/Zwerchfell
		Erweiterung der Übung: – Dialog mit Therapeut über Sommer auf Ha, ha etc. (evtl. Rollentausch) (Frau, Kind oder ähnlich)	
	Ball	– ins Gras setzen; Ball zurollen, Wörter rufen über Sommer: z.B. Sonne etc. (Versuch von positiver und negativer Wertung, indem mit Stimme variiert wird)	Wort

Kurs SAL Januar 1980

1. Erklärung: (Regentag, Auto auf Strasse, Scheibenwischer)

2. Atemübungen:

- Scheibenwischer sch – sch, Bewegung (spiegeln)
- durch Pfützen fahren (Tücher, Reifen)
- fahren bis zu Rotlicht, Halt
- einer ist Polizist und befiehlt Auto, wann halten, wann fahren (während dem Fahren zischt nasse Strasse sch)

Ziel: Atem aktivieren, führen – geführt werden, auf Partner eingehen, Selbstbewusstsein (Polizist), Koordination von Atem und Motorik

Material: Tücher oder Reifen

3. Stimmübung:

- Autos im Zimmer herum und hupen
- bei Hindernis hupen ⟶ Weg finden oder Hindernis auf Seite schupfen
- sich gegenseitig oder Passanten (nicht existierend) anhupen (wütend, freudig, überrascht, jemanden zu erkennen) etc. ⟶ Emotionen, laut – leise, evtl. mit "Hup-Bewegung")

Ziel: Stimmübung, Geschicklichkeit, Aggressionen loswerden, Emotionen ausdrücken

4. Wort:

- herumfahren und benennen, was einem in Weg kommt oder einen erfreut (Emotionen)

Ziel: einzelne Wörter und Emotionen ausdrücken

Lektion Kurs SAL Januar 1980

1. Vertrauen

Einstieg: Gespräch mit Xylophon führen; zuerst frei, dann nach einem Thema: z.B. Kasperle und Krokodil, Rollenspiel.

2. Atem und Stimme

Krokodil greift Kasperle an (sch, sch, sch oder Laut vom Kind gewählt). Kasperle wehrt ab und scheucht Krokodil zurück sch sch – Rollentausch

Siegestanz von Kasperle und Krokodil

Kasperle: prellt Ball und macht ha ha ha (lustig!)
ho ho ho

Krokodil: Tamburin ha ha, aber deprimiert!

3. Reihensätze:

Krokodil:

○	○	○	
"Ech	be	starch"	"Ech be ned rot" etc.
manchmal:			
"Ech	be	grüen"	
etc.			

Kasper:

○	○	○	
"Ech	be	lieb"	"Ech be ned bös" etc.

Stotterer-Lektion 1. – 3. Klasse

Zeit	Material	Übung	Zielsetzung
2,5 Min.	Knetmasse	1. Wir kneten gemeinsam (abwechslungsweise) die Masse weich.	Kontakt mit Kind
5 Min.	Knetmasse	2. Wir formen miteinander viele Würste. Evtl. Stimme dazugeben (Vokale und Silben)	Eingehen auf Partner miteinander Stimme
10 Min.	Knetmasse	3. Wir formen miteinander aus diesen Würsten einen Gegenstand (z.B. Gesicht, Auto usw.) Sätze Ich mache ... Ich könnte ...	Kreativität Reihensätze
2,5 Min.	Knetmasse	4. Wir kneten die Masse wieder zusammen und dürfen sie einmal an die Wand, auf den Boden, in einen Korb werfen. päng, plumm, pumm (Je nach Kind die letzte Übung evtl. an 2. Stelle machen	Atem Stimme Silben Aggression Wieder zur Ruhe kommen

Kurs SAL Januar 1980

3.3. Vorschlag für eine Materialliste

8 Turnmatten
12 Kissen, verschiedene Grösse und Form
4 Wolldecken
10 Gymnastikbälle
10 kleine Gummibälle
10 Holzreifen
Tücher und Kleider zum Verkleiden
1 Sandkasten mit Sandwerkzeug (Eimer, Schaufel, Formen), dazu Puppen, Häuser, Tiere und Pflanzen, Cowboys und Indianer
4 Puppen verschiedener Grössen und Altersstufen mit Kleidern zum An- und Auskleiden; 1 Puppenwagen und Puppenbettzeug
2 Puppenstuben (für 2 Puppenfamilien), biegsame Puppenfamilie, Stuben-, Schlaf-, Küchen- und Badezimmermöbel
1 grosse rollbare Kiste mit grossen Holzbauklötzen
1 Garage mit ca. 25 Spielautos: Personenwagen, Werkfahrzeuge, Transportfahrzeuge, Polizei-, Kranken- und Feuerwehrwagen
8 Baumwollseile, je 2 Meter lang oder länger, verschiedene Farben
1 altes Klavier
12 Tamburins, 2 Trommeln, Rasselbüchsen, 2 Xylophone, Schlaghölzer, 2 grosse Glockenspiele, Kastagnetten, Triangel, Mundharmonika, Pfeifen, Flöten
1 Gitarre
1 Kasperletheater (zum stehend dahinter spielen) und -Figuren: 2 Könige, 2 Königinnen, Prinz, Prinzessin, Polizist, 2 Teufel, Hexe, Grossmutter, Wolf, Krokodil, Affe, Schaf, Kasperli, 2 Kinder, Pinocchio, Strolch, "Lausmädchen", Dienstmädchen
1 Puppenkochherd, 2 Kochtöpfchen, Plastikgeschirr, Prozellanpuppengeschirr, Esswaren (Nudeln, Milchpulver, Puddingpulver, Zucker, Mehl, Salz, Gemüse, Tee, Kakaopulver, Suppenpulver, Kartoffelstockpulver, Tomatenpüree, Kondensmilch)
1 grosser Teddybär und 2 kleine Teddybären
Bastelmaterial, Werkzeug, Holz, Karton, farbiges Papier, Schachteln und Dosen
1 Wandtafel, bunte Kreiden
Hefte, Papier, Schreibzeug, Farb- und Filzstifte, Scheren, Klebstoff usw.
Staffelei, Papier, Dekorations- und Fingerfarben
1 Wasserbecken und Wasserhahn
2 kleine Tische, 6 Kinderstühle, 1 Bank
1 Schreibpult, 3 Stühle für Erwachsene
12 Brettspiele (Spielmagazin, Domino, Quartett, "Schau-Genau", "Elektro", Hand-Fussballspiel, Legespiele, Lesetelefon, Zwillingsspiel usw.)
Lesebücher, Fotobücher mit Kinder- und Familiensituationen
Bilderbücher

1 "Verkaufsladen" mit Salzteiggebäck und Obst, Musterpäckchen usw., Kasse, Spielgeld, Waage und Einkaufskörben
2 Versteckecken (ein geeigneter Tisch mit Decken gedeckt oder hinter dem Kasperletheater)
1 Indianerzelt

3.4. Lesebrief und Antwort

Liebe Frau Katz-Bernstein!

Wir haben Ihr Therapiekonzept als Grundlage für unsere Examensarbeit genommen und Einzeltherapien mit zwei neunjährigen Stotternden durchgeführt. Insgesamt hat uns die Arbeit sehr viel Spass gemacht und neben den Ideen für die Gestaltung einer Therapie waren uns die neuen Anregungen und Erfahrungen in Bezug auf unser Therapeutenverhalten und unser Verhältnis zum Kind richtig.

Wir stehen vor dem Abschluss unserer Arbeit, und rückblickend sind für uns folgende Fragen aufgetreten:

1. Obwohl wir uns in unserer Arbeit auf den logopädischen Übungsteil beschränkt haben, landeten wir zuletzt in einer psychotherapeutisch orientierten Arbeit. Wir haben die Erfahrung gemacht, dass die Kinder innerhalb der logopädischen Übungen Gefühle, Bedürfnisse und Probleme (z.B.: Eifersucht auf den kleinen Bruder) ausgedrückt haben. Da die Übungen sowohl Handlungsfreiraum (gemeinsames Gestalten) als auch spezifische, logopädische Ziele (z.B. Stimmausdruck) beinhalten, war es für uns oft schwierig zu entscheiden, welcher Aspekt in der Übungssituation Vorrang hat.

- Wie handhaben Sie diese Problematik?

- Wie ist es Ihnen möglich, Ihren Zeitplan (20 Min. Übungsteil, 10 bis 20 Min. Spontansprachspiele) einzuhalten?

2. Generalisierungsproblematik bei der Saugeatmung:

- Wie notwendig ist die Beherrschung der SA (Saugeatmung) als Voraussetzung für eine normale Atemfunktion?

- Welche Möglichkeiten sehen Sie, von der SA zu einem Transfer einer gelockerten und vertieften Atmung in den Alltag zu gelangen?

3. Eines der von uns behandelten Kinder (P., 9 Jahre alt) beschäftigt sich in seiner Freizeit mit Rock- und Popmusik, dem Anschauen von teilweise brutalen Videos und dem Lesen von Jugendzeitschriften (über Popstars, Sexualität etc.). Wir hatten den Eindruck, dass für P. die Übungen anfangs interessant waren, er sie später jedoch nur den Therapeuten zuliebe durchführte, ohne selbst motiviert zu sein. Es war schwierig für uns, unter Beibehaltung unserer logopädischen Ziele Übungsideen zu entwickeln, die P.'s Interessen entgegenkamen.

- Wie gelingt es Ihnen, sogar 12-jährige Stotternde über einen längeren Zeitraum mit Übungen, wie z.B. Windmühle, Wind und Wolken etc. zu motivieren?

4. Wie behandeln Sie altersgemäss entwickelte stotternde Kinder, die selbstsicher auftreten und über viele Ausdrucksmöglichkeiten in Stimme, Gestik und Mimik verfügen?

Wir freuen uns über Ihre Antwort und erbitten sie möglichst bald, um sie in der Theoriediskussion unserer Arbeit zu berücksichtigen.

Wir sind auf Ihren Vortrag in Berchtesgaden gespannt und freuen uns darauf, Sie kennenzulernen.

Mit freundlichen Grüssen

Susanne Daniel, Gabriele Tholen, Dorothea Zincke, Ina Havors (5. Semester der Logopädenlehranstalt Aachen)

Antwort

Liebe Frau Daniel, Tholen, Lincke und Havers

Vielen Dank für Ihren Brief. Es freut mich immer, ein Praxis-Feed-Back zu erhalten, denn ich lerne auch eine Menge davon.

Zu Ihren Fragen:

1. Es freut mich sehr, dass Ihre Arbeit durch die Übungen zu einer psychotherapeutisch-orientierten Arbeit geworden ist. Es zeigt aber auch, dass die Kinder sich bei Ihnen echt wohl fühlten und erst dadurch die Übungen ihren Zweck nicht verfehlt haben: den Kindern einen Weg zu bieten, ihre Bedürfnisse und Gefühle zu äussern.

   Ich kann mir vorstellen, dass die Erfahrung, bei den Kindern etwas wirklich bewirkt zu haben, einen in Staunen, vielleicht Begeisterung, aber auch in Unsicherheit versetzt. Man fragt sich: Was nun?

   Nun: Der Unterschied zwischen einer Psychotherapie und diesen sprachtherapeutischen Übungen ist, dass wir die geäusserten Gefühle und Bedürfnisse in unserem Fall weder zu interpretieren brauchen, noch ihnen entsprechen müssen. Ich weiss, es hört sich einfacher an, als es in der Praxis ist. Die Tatsache, dass das Seelenleben des Kindes uns beschäftigt, berührt und manchmal verunsichert, bleibt uns nicht erspart. Nach meiner Erfahrung ist die beste Lösung, sich arbeitsbegleitend einer Supervision zu unterziehen, vielleicht in Form einer Fallbesprechungsgruppe.

Wie weit Sie nun bei Stimme, Silben und Satz bleiben sollen oder eher die psychotherapeutische Richtung vertiefen möchten, bleibt von drei Faktoren abhängig:

1. Ihrer Neigung und Ausbildung, damit Sie das, was Sie tun, auch verantworten können;
2. dem Stand und den Bedürfnissen des Kindes;
3. dem Auftrag der Eltern, Lehrer und Behörden.

Die Antwort also auf die Frage, ob nun bei den logopädischen Zielen zu bleiben oder psychotherapeutisch-orientiert weiterzufahren sei, wird für jeden Therapeuten mit jedem neuen Fall anders lauten.

Die Frage der Zeit wird ähnlich gehandhabt: Zurzeit behandle ich die Kinder 50 Min. lang, ein bis zwei Mal pro Woche. Davon sind 10 bis 20 Min. Übungen, die manchmal, je nach Phase, auch wegfallen. Der Rest der Zeit ist einer Spieltherapie gewidmet, die jedoch eng mit den Übungen verknüpft ist, und umgekehrt hängen die Übungsthemen stark vom Stand der Therapie ab und von den Themen, die im Moment beim Kind aktuell sind. Dies ist der Stand nach 14-jähriger Arbeit und Doppelausbildung. Anfänglich habe ich die Kinder ca. 30 Min. behandelt und war oft froh, dass die Lektion nicht länger dauerte. Dies hängt wiederum vom Temperament und den Bedürfnissen des Therapeuten und des Kindes ab. Ich versuche immer zu betonen, dass die Therapie mit der Zeit die Prägung des ausführenden Therapeuten erhalten soll, je nach Persönlichkeit und Erfahrungen, die gemacht werden. Ich bin froh, wenn es so ankommt, denn dies war auch der Sinn, als ich es niedergeschrieben habe.

2. Über die Saugeatmung:
Dies ist eine Technik, die ich heute zugegebenermassen kaum mehr benutze. Damals wandelte ich sie ab von der Erwachsenentherapie. Im neuen Buch wird sie auch nicht mehr erwähnt. Mir scheint die natürliche Aktivierung der Atmung, die durch bewegte Handlungen von selber ausgelöst wird, viel naheliegender; und man entgeht der Gefahr, eine verkrampfte Atmung zu provozieren.

3. Ich glaube kaum, dass alle Übungen für alle Altersstufen und für alle Fälle sich gleich gut eignen. Bei älteren Kindern werden die Übungen von Gesprächen, gestalttherapeutischen Techniken und Rollenspielen abgelöst.

Bei dem von Ihnen geschilderten Fall könnte es sich darum handeln, dass das Kind einen Teil seiner Kindheit übersprungen hat, und statt die Welt handelnd und agierend zu entdecken, nun passiv und resigniert starke Gefühlsreize konsumiert (– dies als vage Hypothese!). In diesem Fall müsste ein solches Kind den Weg zu den fehlenden Kindheitsphasen zurückfinden, um zu diesen Übungen überhaupt einen Zugang zu bekommen und profitieren zu können. Dies kann vorerst nicht die Arbeit eines Logopäden sein. Wie schon gesagt, bei Zweifelsfällen am besten durch eine Supervision klären – auch ich mache es bis heute nicht anders.

4. Brauchen stotternde Kinder, die selbstsicher auftreten und die über viele Ausdrucksmöglichkeiten in Stimme, Gestik und Mimik verfügen, überhaupt eine Therapie? Wenn die Kinder so gesund sind und trotzdem sich entschlossen haben, weiterzustottern – warum soll man sie nicht lassen?

   Sie merken, ich scherze – und dennoch ist es mir ernst. Irgend einen Grund zum Stottern werden die Kinder haben, auch wenn der Grund Eltern und Umwelt heisst. Aber dies gehört zum Kapitel "Elternarbeit" und "Prävention".

   Falls Sie jedoch die selbstsicher wirkenden Polternden meinen, so brauchen diese eine ganz besondere Art Therapie. Ich befasse mich momentan mit einer Arbeit über polternde Kinder. Ein Artikel mit einem Arbeitskonzept für diese Kinder ist in Vorbereitung. Falls Sie Interesse haben, werde ich Ihnen zu gegebener Zeit gerne ein Exemplar zusenden.

Ich danke für Ihr Schreiben und würde mich freuen, Sie in Berchtesgaden kennenzulernen.

Mit freundlichen Grüssen

Nitza Katz-Bernstein

Literaturverzeichnis

Adler, A.: Menschenkenntnis. Fischer, Frankfurt am Main 1974 (1947)*

Adler, A.: Der Sinn des Lebens. Fischer, Frankfurt am Main 1974 (1933)*

Affolter, F.: Wahrnehmung, Wirklichkeit und Sprache. Neckar-Verlag, Villigen-Schwenningen 1987

Amman, A.: Familientherapie; ein Überblick über die wichtigsten neuen Entwicklungen (I). Psychologie heute, Zürich April 1979

Axline, V.: Kinderpsychotherapie im nichtdirektiven Verfahren. E. Reinhardt, München/Basel 1974 (1947)*

Bateson, G.; Jackson, D.D.; Laing, R.D.; Wynne, L. u.a.: Schizophrenie und Familie. Suhrkamp, Frankfurt am Main 1969 (1956)*

Berger, M.: In: *Polster E. & M.*: Gestalttherapie, Theorie und Praxis. Kindler, München 1975

Bertalanffy, L.v.: General systems theory. Braziller, New York 1975

Bettelheim, B.: Der Weg aus dem Labyrinth. dva, Stuttgart 1975 (1974)*

* Bei Übersetzungen oder neuen Auflagen steht das Urspungsjahr in Klammern.

Boehme, G.: Das Stotterer-Syndrom. Ätiologie, Diagnostik und Therapie. Huber, Bern/Stuttgart/Wien 1977, 148 p.

Boehme, G.: Therapie der Sprach-, Sprech- und Stimmstörungen. Fischer, Stuttgart/New York 1980

Bronfenbrenner, U.: Die Ökologie der menschlichen Entwicklung. Klett, Stuttgart 1980

Calavrezo, C.: Die Behandlung des Stottern durch die Sprachgebärden. De Therapia Vocis et Loquelae 1, 1965, 399-401

Fiedler, P.; Standop, R.: Stottern, Ätiologie, Diagnose, Behandlung. Psychologie-Verlags-Union Urban u. Schwarzenberg, München-Weinheim 1986

Freud, A.: Einführung in die Technik der Kinderanalyse. Kindler, München 1980 (1948)*

Grimm, H.: Psychologie der Sprachentwicklung. Band II, Kohlhammer, Stuttgart 1977

Grohnfeldt, M.: Diagnose von Sprachbehinderungen, Theorie und Praxis der Felddiagnostik bei Sprachbehinderten. Marhold, Berlin 1979

Grohnfeldt, M.: Überlegungen zur wissenschaftstheoretischen Standortbestimmung der Sprachbehindertenpädagogik. Die Sprachheilarbeit 27/1 1982 (25-28)

Guldenschuh, E.; Hardmeier, S.; Katz-Berstein, N.; Vögeli, M.: Die Grundhaltung der Logopäden. Schulamt Zürich, Logopädisches Zentrum 1979

Hardmeier, S.: Stottertherapie für Jugendliche im Alter von 12 - 16 Jahren. Diplomarbeit, Alfred-Adler-Institut, Zürich 1979

Heese, G.: Zur Verhütung und Behandlung des Stotterns. Marhold, Berlin 1976 (1960)*

Hennig, W.: Beiträge zur Erforschung des Stotterns. E. Reinhardt, München/Basel 1967

Herzka, H.S.: Vorwort, in: *Reukauf, W.*: Kinderpsychotherapien, Schulenbildung, Schulenstreit, Integration. Schwabe, Basel/Stuttgart 1984, IIX-XIV

Jackson, D.D.: The Etiology of Schizophrenia. Basic Books, Inc., New York 1960

Kanner, L.: Child Psychiatry. Thomas Publ., Springfield 1957

Katz-Bernstein, N.: Eine kombinierte Spieltherapie und logopädische Übungstherapie für stotternde Kinder. Schulamt Zürich, 1982

Katz-Bernstein, N.: Sprachbehindertenpädagogik versus Psychotherapie – Überlegungen zur Vereinbarkeit beider Disziplinen in der Behandlung von Kindern. In: Sonderpädagogik, Festschrift zum 60. Geburtstag von Prof. Dr. G. Heese. Marhold, Berlin 1986a, 372-388

Katz-Bernstein, N.: Poltern. Therapieansatz für Kinder. In: Vierteljahresschrift für Heilpädagogik und ihre Nachbargebiete (VHN) 55 (1986) 4, 413-426

Katz-Bernstein, N.: Phantasie. Symbolisierung und Imagination – "komplexes katatymes Erleben" als Methode in der Integrativen Therapie mit Vorschulkindern. In: *Petzold, H.; Orth, J.*: Die neuen Kreativitätstherapien. Handbuch der Kunsttherapie, Band II. Junfermann, Paderborn 1990, 883-931

Katz-Bernstein, N.: Therapiebegleitende Elternarbeit in der Behandlung von stotternden Kindern: Einzelgespräche, Müttergruppen, Elternberatung. In: *Grohnfeld, M.*: Handbuch der Sprachtherapie, Band 5: Störungen der Redefähgikeit. Spiess, Berlin 1992

Kemper, F.: Klientenzentrierte Kinderspieltherapie bei sprach- und sprechgestörten Kindern. In: Benecken (Hrsg.): Kinderspieltherapie Fallstudien. Kohlhammer, Stuttgart 1982, 38-73

Krause, R.: Probleme der psychologischen Stottererforschung und Behandlung. In: Zeitschrift für klinische Psychologie und Psychotherapie, 24 (1976) 2, Alber, Freiburg/München

Krause, R.: Stottern und nonverbale Kommunikation: Untersuchungen über den Zusammenhang zwischen Affektinhibition und Stottern. Kongressbericht II, Hamburg 1978, DGVT, Sonderheft II/1979

Levin, K.: Feldtheorie in der Sozialwissenschaften. Huber, Bern 1963

MacKracken, M.: Lovey. New American Library, New York 1977

Motsch, H.-J.: Problemkreis Stottern. Marhold, Berlin 1979

Motsch, H.-J.: Wandlungen im Handlungsbereich der Logopädie. In: Vierteljahresschrift für Heilpädagogik und ihre Nachbargebiete (VHN) 52, 1983, 321-334

Olbricht, I.: Die integrative Sprach- und Bewegungsförderung – ein Förderkonzept in Theorie und Praxis. In: Die Sprachheilarbeit 32 (1987) a, 59-68

Perls, F.S.: Gestalt-Therapie in Aktion. Klett, Stuttgart 1976 (1969)*

Petzold, H.G.: Überlegungen und Konzepte zur Integrativen Therapie mit kreativen Medien und einer Intermedialen Kunstpsychotherapie. In: *Petzold, H.; Orth, I.*: Die neuen Kreativitätstherapien. Handbuch der Kunsttherapie, Band II. Junfermann, Paderborn 1990, 585-638

Petzold, H.G.: Die Rolle des Therapeuten und die therapeutische Beziehung. In: *Petzold, H.G.; Brown, G.*: Gestaltpädagogik. Junfermann, Paderborn 1980, 101-123

Petzold, H.G.; Mathias, U.: Integrative Erziehung mit verhaltensgestörten und behinderten Kindern. In: *Brown, G.I.; Petzold, H.G.*: Gefühl und Aktion. W. Flach, Frankfurt am Main 1978, 156-167

Petzold, H.G.; Schneewind, U.J.: Konzepte zur Gruppe und Formen der Gruppenarbeit in der Integrativen Therapie und Gestalttherapie. In: *Petzold, H.G.; Frühmann, R.*: Modelle der Gruppe in der Psychotherapie und psychosozialer Arbeit. Junfermann, Paderborn 1986, 109-254

Piaget, J.: Psychologie der Intelligenz. Rascher, Zürich 1947

Richter, H.E.: Eltern, Kind und Neurose. Rowohlt, Reinbeck bei Hamburg 1969

Rogers, C.R.: Entwicklung der Persönlichkeit. Klett, Stuttgart 1976 (1961)*

Satir, V.: Conjoint Family Therapy – A Guide to Theory and Technique. Science and Behavior Books, Palo-Alto 1964

Schliep, M.: Sprachbehinderung und psycho-soziale Deviation. In: *Heese G., Reinartz A.* (Hrsg.): Aktuelle Beiträge zur Sprachbehindertenpädagogik. Marhold, Berlin 1981

Schmidt, H.: Ein Beitrag zur Differentialdiagnose Stottern Poltern. In: Die Sprachheilarbeit 14/4, 1969, 105-112

Schönaker, T.; *Schönaker, T.*: Stotttterertherapie – die Doetinchemer-Methode: Die ersten Therapieperioden (1972), An die Zuhörer (1972), Verhaltenstherapeutische Aspekte (1972), Individualpsychologische Aspekte (1972), Individualpsycholgische Sozial-Therapie (1975), u.a., Rudolf Dreikurs Institut, Züntersbach

Stierlin, H.: Delegation und Familie. Suhrkamp, Frankfurt am Main 1978

Van Riper, C.: Sprech-Stunde, In der Praxis eines Sprachtherapeuten. Reinhardt, München/Basel 1979

Vogel, E.; Bell, N.W.: The Emotionally Disturbed Child as the Family Scape Goat. Free Press, New York 1969

Watzlawik, P.; Beavin, J.H.; Jackson, D.D.: Menschliche Kommunikation. Formen, Störungen, Paradoxien. Huber, Bern 1969

Westrich, E.: Der Stotterer, Psychologie und Therapie. In: *Berg K.H.* (Hrsg.), Schriften zur Heilpädagogik, Dürrsche Buchhandlung, Bonn 1971

Winnicott, D.W.: Vom Spiel zur Kreativität. Klett, Stuttgart 1983

Wyatt, G.L.: Entwicklungsstörungen der Sprachbildung und ihre Behandlungen. Hippokrates, Stuttgart 1973

Zollinger, B.: Spracherwerbsstörungen. Grundlagen zur Früherfassung und Frühtherapie. Haupt, Bern 1988

Zulliger, H.: Heilende Kräfte im kindlichen Spiel. Werner Classen, Zürich 1963

Mischna: "Sprüche der Väter", Kapitel 2, Pasus 21